W0185975

Maria Weckesser

Traumberuf Flugbegleiterin Flugbegleiter

Das Handbuch für Ihre Bewerbung
als Stewardess / Steward

Sigrid Böhme Verlag

3., komplett überarbeitete Auflage
veröffentlicht 2007 im Sigrid Böhme Verlag,
www.sigrid-boehme-verlag.de
Email: verlag@sigrid-boehme-verlag.de
Erstveröffentlichung 2005
Niedernhausen (Taunus) / Deutschland
Copyright © by Sigrid Böhme Verlag

Umschlaggestaltung: Böhme
Model Xenia wurde von Monica Walther alias Phoenixe fotografiert.
Der Kontakt zum Model und der Fotografin kann
über den Verlag hergestellt werden.

Satz: Böhme / Gemi s.r.o.
Druck und Herstellung: Gemi s.r.o., Prag
Made in Czech.

ISBN 978-3-9811229-2-3

www.traumberuf-flugbegleiter.de

Alle Rechte vorbehalten.
Kopieren, Nachdruck,
schriftliche oder digitale Veröffentlichungen,
auch auszugsweise, sind genehmigungspflichtig.

Traumberuf Flugbegleiter

Die Tätigkeit, die früher als Stewardess/Steward bezeichnet wurde, wird heute eher Flugbegleiterin/Flugbegleiter genannt.

Ich habe mich entschieden, in diesem Buch den Beruf Flugbegleiterin, bzw. Flugbegleiter durchgängig mit der männlichen Form „Flugbegleiter“ zu benennen, weil diese neutraler auf beide Geschlechter anzuwenden ist. Jedoch sind immer beide Geschlechter gemeint. Dies gilt auch für alle anderen Berufe, die im Verlauf des Buches erwähnt werden.

Ich bitte um Verständnis.

Vorwort

Dies ist ein Buch für diejenigen, die darüber nachdenken, den Beruf des Flugbegleiters zu ergreifen. Nicht nur viele junge, sondern auch reifere Menschen träumen vom diesem Beruf.

Die Flugbranche boomt, immer mehr Airlines drängen auf den Markt, dadurch wird auch der Bedarf an Flugbegleitern immer größer. Aufgrund dessen stehen die Chancen so gut wie nie zuvor, den Traumberuf zu ergreifen. Trotzdem müssen die Bewerber gewisse Grundvoraussetzungen erfüllen. Diese Anforderungen und deren Bedeutung möchte ich Ihnen in diesem Buch vorstellen.

Vielleicht fühlen Sie sich nach der Lektüre dieses Buches angesprochen und ermutigt, sich jetzt endlich zu bewerben.

Vielleicht entdecken Sie aber auch für sich, dass der Beruf doch nicht der richtige für Sie ist.

Das Buch wird Ihnen auf jeden Fall viele interessante Aspekte aufzeigen. Es ist darüber hinaus die ideale Vorbereitung für Ihre Bewerbung.

Ziel dieses Buches soll nicht sein, ungeeigneten Bewerbern den Zugang zum Beruf des Flugbegleiters zu ermöglichen oder einen Einheitsbewerber zu produzieren. Es soll vielmehr helfen, die persönlichen Stärken und Schwächen zu erkennen.

Bitte haben Sie Verständnis, dass ich für alle Informationen des Buches keine Gewähr übernehmen kann. Ich habe die Inhalte nach bestem Wissen und Gewissen zusammengetragen (Stand Juli 2007).

Sollte Sie ein Thema des Buches besonders interessieren, lohnt sich eine weitere Recherche in den gängigen Internet-Suchmaschinen.

Viel Spaß beim Lesen!

Inhaltsverzeichnis

1 Das Berufsbild

Arthur Hove servierte 1928 als erster männlicher Kellner bei der Lufthansa. Damals waren Frauen für diese Tätigkeit noch nicht ‚standesgemäß'.

Erst mit Ellen Church änderte sich dies. Sie war weltweit das erste weibliche Kabinenmitglied und kam 1930 bei United Airlines zum Einsatz. Offiziell war sie als ‚Krankenschwester' eingestellt worden. Man versprach sich von der Anwesenheit von einer Pflegerin in der Kabine eine beruhigende Wirkung auf die oft ängstlichen Passagiere.

Lufthansa selbst schickte erst 1938 die ersten Frauen in die Luft. Der damalige Lufthansa Verkehrsleiter stellte fest, „dass sich die weibliche Bedienung bei den Passagieren größter Beliebtheit erfreut. Der neue Beruf ist begehrt, alle wollten zu den ‚fliegenden Mädchen von Tempelhof'."

Das Anforderungsprofil an das zukünftige Bordpersonal war sehr hoch geschraubt. Laut einer Statistik wurden 1955 bei Lufthansa von 1000 Bewerbern nur 17 zur Ausbildung zugelassen, und davon wurden 13 nach der Ausbildung eingestellt. Es war also ein echtes Privileg und eine große Ehre, bei Lufthansa angenommen zu werden.

Bei Lufthansa ist aus der Stewardess inzwischen der „Service Professional" geworden. Von den inzwischen 15.000 Lufthansa-Flugbegleitern sind ca. 80% weiblich.

Für viele ist es noch immer ein Traum und eine Ehre, als Flugbegleiter tätig zu werden, wenngleich der Status nicht mehr derselbe ist. Vor 30 Jahren hätte keiner gewagt, eine Flugbegleiterin respektlos „Saftschubse", „Düse" oder „Streifenhörnchen" zu benennen!

Auch die Bezeichnung „fliegender Kellner" klingt etwas abwertend. Und dabei ist es keine Schande, als Kellner zu arbeiten. Der Service ist ohne Zweifel ein Teil der Aufgaben eines Flugbegleiters, aber hinzu kommen viele andere, die ein Kellner nicht zu bewerkstelligen hat.

Der Beruf des Flugbegleiters hat trotz abwertender Namen sehr viel Charme: das Leben glamourös genießen, in der Welt herumreisen, in tollen Städten shoppen, fremde Kulturen kennen lernen, in schicken Uniformen, arbeiten und vielen interessanten Menschen begegnen. Ein weltmännisches Flair umgibt die persönliche Aura.

> Sie wachen morgens in Traumstädten (Paris, New York, Singapur) auf.
>
> Sie werden auf Familienfesten von neugierigen Nichten und Neffen zu Ihrem tollen Beruf befragt.
>
> Sie müssen eine Einladung zu einer Party absagen, weil Sie zu diesem Zeitpunkt einen Einsatz nach Las Vegas haben.
>
> Sie lernen an Bord der Maschine den Lieblingssänger Ihrer Mutter kennen.

An dieser Stelle sei angemerkt, dass es sich bei dem Beruf des Flugbegleiters um einen Anlernberuf handelt. Es ist kein offiziell anerkannter Ausbildungsberuf mit einer Prüfung vor der IHK.

Flugbegleiter gelten formal als nicht qualifizierte Arbeitskräfte, ihre Tätigkeit ist nicht als Ausbildungsberuf anerkannt, da die staatlichen Kriterien Mindestausbildungsdauer, ökonomischer Nutzen und Zukunftsperspektive in der betriebsinternen Ausbildung der jeweiligen Fluggesellschaft nicht erfüllt werden. Flugbegleiter werden in einem mehrwöchigen Grundkurs theoretisch und praktisch ausgebildet und angelernt. Die Wissensvermittlung erfolgt nach Kriterien, die für die Luftfahrtunternehmen ökonomisch relevant sind. Die Ausbildung endet mit einer firmeninternen Prüfung ohne staatlich anerkannten Abschluss.

Eine Freizügigkeit im Sinne eines Wechsels von einer Fluggesellschaft zu einer anderen besteht nicht. Die Ausbildung zum Flugbegleiter vermittelt keinen so allgemeinen oder übergeordneten Wissensstand, dass er in anderen Flugbetrieben angewandt werden könnte. Jede Fluggesellschaft bildet ihr eigenes Kabinenpersonal aus. Selbst bei der Einstellung eines Mitarbeiters mit jahrelanger Flugerfahrung erfolgt eine Grundausbildung ganz von vorn.

aus Wikipedia.de, Juni 2007

Flugbegleiter-Praktika sind leider aufgrund der Sicherheitsvorschriften nicht möglich.

Im Rahmen einer Ausbildung zum „Servicekaufmann im Luftverkehr“ (Abk. SKiL) kann man in den Beruf „Flugbegleiter“ hineinschnuppern. Informationen über dieses Berufsbild erhalten Sie im Internet: www.berufenet.de (eine Seite der Bundesagentur für Arbeit).

Tipp: Wenn Sie auf der Internetseite www.berufenet.de als Suchbegriff „Luftverkehr“ oder nur „Luft“ eingeben, bekommen Sie viele interessante Ideen für Ausbildungsberufe und Studiengänge, die mit Luftfahrt zu tun haben.

Andere Berufsbezeichnungen

Die gängigste Berufsbezeichnung in Deutschland ist „Flugbegleiterin/ Flugbegleiter“ (Abk. FB), welche in den meisten Stellenausschreibungen der deutschen Airlines Verwendung findet. Folgende Namen für das Kabinenpersonal (Cabin Crew) werden synonym eingesetzt: Stewardess/Steward, Cabin Attendant oder CA, Flight Attendant oder Air Hostess.

Ihre Rolle an Bord

Das Management einer Airline gibt sehr viel Geld für Werbung aus, um die Kunden zu gewinnen, die Sie später an Bord begrüßen sollen. Oftmals ist der Flugbegleiter der erste und einzige Face-to-Face-Kontakt, den der Passagier (= PAX) überhaupt zu der Airline hat. Somit prägt der Flugbegleiter das Bild, das der Kunde von der Airline gewinnt, in besonders hohem Maße mit.

Der Flugbegleiter als Gastgeber repräsentiert mit viel Wärme und Einfühlungsvermögen die Airline. Wenn er aufrichtig lächelt und einen guten Service bietet, wird der Fluggast die Airline als freundliche, serviceorientierte Airline in Erinnerung behalten. Das erhöht die Chance, dass der Passagier auch beim nächsten Flug wieder diese Airline wählen wird. Jeder einzelne Passagier ist wichtig für die Arbeitsplatzsicherung aller Airline-Angestellten.

Während des Fluges ist der Flugbegleiter sowohl Gastgeber für den Passagier, als auch der Hausherr und Ansprechpartner. Der Gast, nämlich der Passagier, soll sich jederzeit willkommen fühlen.

Neben einem guten Service muss der Flugbegleiter die Sicherheit an Bord beherrschen – darüber hinaus ist er auch derjenige,

> der das richtige Fingerspitzengefühl im Umgang mit Behinderten und Geduld mit den älteren Passagieren hat,
>
> der ein Pflaster nach einem unglücklichen Schnitt in den Finger parat hat,
>
> der bei spontanen Säuberungsaktionen tatkräftig zupacken kann,
>
> der bei einem Streit über die Stellung der Rückenlehne als Schlichter fungiert,
>
> der den Bordverkauf geschickt fördert,
>
> der ein Kind zum Strahlen bringt, wenn es ein Schokoladenflugzeug geschenkt bekommt,
>
> der starke Nerven behält, wenn heftige Turbulenzen die Angst der Passagiere schürt.

Kurzum: Sie sollten ein vielseitig einsetzbarer Mitarbeiter sein, der auch Spaß an ungewöhnlichen Herausforderungen hat.

Die Meinung der Passagiere spiegelt sich in zahlreichen Kundenzuschriften wider. Hierbei zeigt sich deutlich, welchen Stellenwert das Verhalten von Flugbegleitern bei der Meinungsbildung der Passagiere hat.

Hier ein paar Beispiele mit lobenden Kundenmeinungen:

✈ *Der Flug hatte schon über 45 min Verspätung. Als wir an Bord kamen, erwartete uns eine professionelle Crew, die uns kompetent zur Seite stand.*

- *Meine Tochter bekam heftiges Nasenbluten an Bord. Die Flugbegleiterin kümmerte sich rührend um uns. Sie brachte meiner Tochter Eiswürfel und Papiertücher und gab Tipps, was wir am besten in dieser Situation tun können.*
- *Meine Familie möchte sich herzlich für den angenehmen Flug und den sehr freundlichen Service bedanken!*
- *Ich hatte vegetarisches Essen bestellt, welches leider nicht verfügbar war. Der Steward war jedoch sehr bemüht, mir eine Alternative zu bieten. Er brachte mir schließlich eine leckere Gemüseauswahl und Reis – ich vermute, er hatte diese Bestände in der Business oder First Class ‚gefunden'. Ich habe nicht weiter nachgefragt, wusste es aber sehr zu schätzen, dass er flexibel reagiert hat, um meinen Wünschen gerecht zu werden.*

Letzte Zuschrift erfolgte ohne Nennung des Flugbegleiter-Namens. Die Dame, die diesen Brief geschrieben hat, ahnte womöglich, dass sich der Flugbegleiter mit seinen „Beschaffungsmethoden" auf eine Gratwanderung begeben hatte.

Hier weitere Original-Kundenzuschriften, jedoch freut sich eine Airline über solche Briefe eher weniger:

- *Die Crew unterhielt sich sehr laut an Bord. Die Gespräche waren sehr privat, fast schon intimer Natur, was uns, die Gäste, unangenehm berührte.*
- *Ich fragte nach einem Mineralwasser. Der Flugbegleiter beschwerte sich bei mir mit den Worten ‚kann ich nicht mal für 5 Minuten in Ruhe gelassen werden?'.*
- *Von den Flugbegleitern kam keinerlei Entgegenkommen oder Lächeln. Ich fühlte mich wie ein Gefangener, der von ernsten Gefängniswärtern begleitet wird.*
- *Die Crew wirkte müde, überlastet, offenbar durch innere Zwistigkeiten gestresst. Die Crew gab uns das Gefühl, sie zu stören.*

- ✈ *Ich wartete bei der Gepäckausgabe auf meinen Koffer, als sich eine Flugbegleiterin unseres Fluges plötzlich den Weg an mir vorbei bahnte: ‚Können Sie hier nicht mal Platz machen, die Crewkoffer kommen gleich! Wir haben schließlich 8 Stunden Arbeit hinter uns!' Ich entgegnete darauf hin, dass auch wir müde seien, und dass wir schließlich auch 8 Stunden lang als Kunde mitgeflogen waren. Daraufhin begegnete die Flugbegleiterin schnippisch: ‚Ja, leider! Typisch deutsch!'*
- ✈ *Ich zeigte einer Flugbegleiterin Ihrer Airline im Abflug-Terminal mein Ticket und fragte sie, wohin ich müsse. Sie antwortete arrogant: ‚Ich habe jetzt Feierabend. Sehe ich etwa wie ein Auskunftsbüro aus?'.*

Die letzten beiden Beispiele zeigen, dass die Rolle des Flugbegleiters nicht an der Flugzeugtür beginnt und aufhört. Mit der Uniform tragen Sie die Fürsorge und die Verantwortung, die Airline jederzeit angemessen zu vertreten, auch wenn Ihnen nach einem anstrengenden Arbeitstag nicht danach zumute ist.

Ihr persönlicher Flugplan (Dienstplan)

Der Beruf hat nichts mit dem Alltag einer 40-Stunden-Woche im Büro zu tun. Wer dieser Monotonie entfliehen möchte, ist mit dem Beruf des Flugbegleiters gut bedient.

Ihren persönlichen Flugplan erhalten Sie in der Regel im Vormonat. Eine kurze Krankheit im laufenden Monat kann eine Änderung des Flugplanes für den Rest des Monats mit sich bringen.

> Dienstantritt erfolgt zwischen 4 und 21 Uhr. Manchmal noch später, oder sogar früher.
>
> Geflogen wird an 365 Tagen im Jahr.
>
> Entweder Sie schlafen abends wieder im heimischen Bett, oder Sie übernachten in einem Hotel fernab der Heimat.

Oder Sie haben einen Nachtflug. Schlafen ist dann nur bedingt möglich.

Dieselben Einsatzregeln gelten gleichermaßen für alle Flugbegleiter; also auch für diejenigen, die nebenbei studieren oder ein Kind zu versorgen haben. Die Einsatzplanung muss sich bemühen, attraktive und unattraktive Einsätze möglichst gleichmäßig auf alle diensthabenden Flugbegleiter zu verteilen.

Sie arbeiten zwischen 67 und 100 Flugstunden pro Monat (Vollzeit). Hinzu kommt die Zeit für die Anreise zum Flughafen, Briefing (Crewbesprechung vor dem Flug), allgemeine Verwaltungsarbeiten, Transferzeiten, Zwischenaufenthalte, Verspätungen. Innerbetriebliche Schulungen werden zum Teil mit Flugstunden verrechnet.

Je nach Saison kann Ihre vertraglich vereinbarte Flugstundenzahl unter- oder überschritten werden. Dadurch fällt die Höhe des Gehalts jeden Monat anders aus.

Eine bestimmte maximale Arbeitszeit pro Tag darf nicht überschritten werden, eine Mindestruhezeit von zehn Stunden zwischen den Flugeinsätzen muss eingehalten werden. Hierfür gibt es gesetzliche Verordnungen, die in der „Zweiten Durchführungsverordnung zur Betriebsordnung für Luftfahrtgerät“ (2.DV LuftBO) geregelt sind (für deutsche Airlines gültig). Jede Airline muss sich bei der Formulierung der internen Richtlinien mindestens an den gesetzlichen Vorgaben orientieren.

Ein mehrtägiger, zusammenhängender Einsatz erfolgt weitgehend mit der selben Crew. Deshalb wird es kaum möglich sein, zwischendurch ein paar Tage vor Ort frei zu nehmen, während der Rest der Crew regulär am nächsten Tag weiter fliegt.

Mindestens sechs bis zehn Tage pro Monat werden Sie frei haben und zu Hause sein. Ein Sonderwunsch (= Request) bezüglich freier Tage zu einem bestimmten Termin (z.B. der runde Geburtstag der Großmutter oder die Kommunionfeier des Patenkindes) kann von der Einsatzplanung nur begrenzt erfüllt werden. Jedoch bemüht man sich, die Wünsche zu berücksichtigen. Besonders begehrt sind freie Tagen an Weihnachten und Silvester, an denen viele Flugbegleiter am liebsten gleichzeitig frei haben möchten. Um den Flugbetrieb zu gewährleisten, kann selbstverständlich nicht allen Anträgen stattgegeben werden.

Generell ist es so, dass Mitarbeiter, die schon länger im Unternehmen tätig sind, bessere Karten bei der Erfüllung von Requests haben als Neueinsteiger (Prinzip der Seniorität). Dies gilt ebenso für die Urlaubsplanung. Schulpflichtige Kinder reichen als Begründung für Urlaub in den Sommerferien leider oft nicht aus. Sie können nur hoffen, dass nicht allzu viele Dienstältere den selben Urlaubswunsch haben.

Den Dienst oder Urlaub mit Kollegen zu tauschen ist theoretisch möglich, praktisch aber schwierig. Wer schon Erfahrung im Schichtbetrieb gesammelt hat, kann sich besser vorstellen, worauf er sich einlässt.

Für Flugbegleiter ist es wichtig, die privaten Interessen so zu gestalten, dass der Flugplan hiervon nicht berührt wird. Regelmäßige Schul-, Sport- oder Kursbesuche sind nicht machbar, was viel Verständnis und manchmal auch Überwindung bedarf.

Kurz- vs. Langstrecke

Ob Sie Kurz- oder Langstrecke fliegen werden, hängt von der Airline und der Wahl Ihres Heimatflughafens ab.

Die Kurzstrecke

Kleinere Airlines bieten vorwiegend innereuropäische, zum Teil nur innerdeutsche Flüge an.

Sie fliegen an einem Kurzstrecken-Tag mehrere Ziele an. In Ihrem Dienstplan steht z.B. Frankfurt-Venedig-Frankfurt-Stockholm. Ein kurzer Abstecher an die Rialtobrücke in Venedig ist leider während des 80minütigen Aufenthaltes vor Ort nicht möglich.

Freuen Sie sich aber auf Ihr Hotel in oder bei Stockholm, welches hoffentlich ein paar Annehmlichkeiten zu bieten hat. Wenn Sie noch nicht zu müde sind, können Sie am Abend noch einen netten Bummel in die Stockholmer City unternehmen. Eine ausgedehnte

Partynacht mit den Kollegen ist nicht möglich, da der Einsatz am nächsten Tag mit frühem Aufstehen verbunden ist.

Dieses Beispiel zeigt, dass „Kurzstrecke“ nicht automatisch bedeutet, dass Sie morgens den Dienst antreten und abends wieder nach Hause kommen. Tagelange Abwesenheiten sind keine Seltenheit.

> Bei RyanAir können Sie nur die Kurzstrecke fliegen, weil deren Streckennetz nicht mehr erlaubt.
>
> Lufthansa fliegt Ziele weltweit an. Wenn Sie jedoch für Lufthansa in Hamburg stationiert sind, fliegen Sie dennoch nur innerhalb von Europa. Nur eine Stationierung in Frankfurt oder München ermöglicht derzeit den Einsatz weltweit.

<u>Die Langstrecke</u>

Große Charter-Fluggesellschaften (Condor, LTU) sowie Lufthansa fliegen Ziele in der ganzen Welt (Langstrecke) an. Das Kennenlernen von traumhaften Zielen weltweit liegt hier im Bereich des Möglichen.

Reine Langstrecke im Linienverkehr (Lufthansa) zu fliegen – das ist das Ziel vieler Flugbegleiterträume, jedoch normalerweise erst nach mehreren Jahren der Zugehörigkeit möglich. Lediglich drei bis sechs Umläufe (d.h. hin und zurück, ggf. Transfers am Zielort, z.B. Johannesburg-Kapstadt-Johannesburg) pro Monat stehen dann auf dem persönlichen Flugplan, weil die maximale Flugstundenzahl bei Langstreckenflügen schnell erreicht wird. Dies bedeutet mehr Freizeit zu Hause, aber auch vor Ort, in den begehrten Zielorten. Wie lange Sie vor Ort frei haben werden, ist sehr unterschiedlich und hängt vom jeweiligen Arbeitsvertrag und vom Flugplan der Airline ab.

Leider kann man in Deutschland nur von wenigen Flughäfen aus Langstrecke fliegen. Lufthansa bietet Langstrecke derzeit nur von Frankfurt und von München aus an, die LTU auch ab Düsseldorf.

Welches Streckennetz Ihre Wunschairline anfliegt, erfahren Sie am besten durch das Internet oder durch den jeweiligen Flugplan.

Belastungsprobe: Economy Class

Am Anfang der Laufbahn werden Flugbegleiter am ehesten in der Economy oder Tourist Class arbeiten.

Das Arbeiten in der Economy-Klasse lässt nur wenig Freiraum für kreatives Arbeiten. Bei Langstreckenflügen heißt es, mit den Kollegen 200 Passagiere oder mehr schnell und zügig zu bedienen, und diese nicht nur mit Getränken, sondern auch mit bis zu zwei Mahlzeiten zu versorgen. Gerade der Service von Speisen und Getränken wird von Flugbegleitern oft als sehr monoton und stupide beschrieben. Starre Routineabläufe und Teamarbeit gehen hier Hand in Hand. Im Service müssen Sie Augen und Ohren offen halten, sowohl für die Belange der Passagiere als auch für die der Kollegen.

Bei Kurzstreckenflügen fallen Mahlzeiten inzwischen oft gänzlich weg, und die Kürze der Zeit gebietet einen zügigen (Getränke-)Service.

Viele Flüge werden völlig unspektakulär verlaufen. Es wird jedoch zu einer wahren Belastungsprobe, wenn

> die Passagiere schon beim Einstieg wegen einer saftigen Verspätung erzürnt sind,
>
> sich ein Passagier weigert, sein sperriges Handgepäck auch nur aus der Hand zu geben,
>
> eines der beiden angebotenen Essen ausgegangen ist,
>
> das im Reisebüro vorbestellte, vegetarische Essen aus welchen Gründen auch immer nicht mehr verfügbar ist,
>
> weinende Kinder an den Nerven zerren.

Und wenn Sie von einem Passagier gebeten werden, seine Einreisepapiere für das Zielland auszufüllen, weil er mit dem Formular nicht klar kommt, dann muss man sehr beherrscht sein, um dem Gast keine Antwort zu geben, die man hinterher bereuen könnte.

Es gibt Flüge, bei denen einfach alles schief läuft. Trotzdem sollten Sie immer ein Lächeln übrig haben, auch wenn Ihnen danach nicht zumute ist – und dies genauso nach nur 45 Minuten Flugzeit, wie auch noch nach acht Stunden. Der Dank der Passagiere rettet jedoch den Tag, auch wenn Sie fix und fertig sind, und eigentlich nur noch Feierabend haben möchten.

Das Arbeiten in der Business oder in der First Class wird als angenehmer, individueller empfunden. Der Flugbegleiter kann sich dort intensiver um relativ weniger Gäste kümmern. Die Aussicht, als Neuanfänger dort zu arbeiten, ist gering.

Bei einigen Airlines wird sich die Frage nach der Klasse nicht stellen, weil es eine Einheitsklasse für alle Passagiere gibt.

Die Basis / der Heimatflughafen

Jeder Flugbegleiter hat eine Basis (Einsatz- oder Heimatflughafen). Dort startet und endet sein Einsatz. Sie sollten sich gut überlegen, für welchen Flughafen Sie sich bewerben möchten und inwiefern Sie dafür auch umziehen würden.

Der mobile Single in Frankfurt hat insgesamt betrachtet bessere Möglichkeiten, seinen Traumberuf zu ergreifen, als die Mutter zweier schulpflichtiger Kinder in Rostock.

Generell gilt, dass die Basis innerhalb von einer Autostunde vom Wohnort des Flugbegleiters aus erreicht werden muss, das entspricht einem Umkreis von ungefähr 50 km. Ein flughafennaher Wohnort wird oft als ein Kriterium im Anforderungsprofil der Airlines formuliert.

Alles andere wäre – wie die Anfahrt für jeden anderen Beruf auch – ohnehin anstrengend. Vor allem müssen Sie bedenken, dass Sie besonders nach einem Nachtflug sehr müde sind und eine lange Heimfahrt mit dem Auto stellt nicht nur eine Gefährdung für Sie selbst dar. Schon alleine deshalb ist ein Wohnort nahe der Arbeitsstätte sinnvoll.

Sie haben in jedem Fall ein Mitspracherecht bei der Wahl der Basis. Es bleibt letztendlich Ihre Entscheidung, ob Sie mit einer anderen als Ihrer Wunschbasis einverstanden sind. Bewerber, die nicht im geforderten Umkreis wohnen, sollten ggf. in ihrer Bewerbung bereits die Umzugsbereitschaft signalisieren.

Ein Umzug ist Ihre Privatsache – daher wird ein eventueller Umzug von der Airline finanziell nicht unterstützt. Vielleicht gibt Ihnen die Airline jedoch Tipps, wie Sie am besten eine Wohnung vor Ort finden.

Standby-Dienst (Rufbereitschaft oder Bereitschaftszeit)

Ein weiterer wichtiger Grund für den flughafennahen Wohnort ist der Standby-Dienst. So kommt es regelmäßig vor, dass Sie im Flugplan Standby-Phasen haben (je nach Airline, 1x im Quartal oder auch mehrmals im Monat). Manche Airlines erwarten von ihren Mitarbeitern sehr viel „Einsatz", auch über den normalen Standby-Dienst hinaus.

Rufbereitschaft heißt, dass Sie in einem bestimmten Zeitraum, der explizit im Dienstplan ausgewiesen wird, zwar keinen konkret geplanten Einsatz haben, Sie müssen aber telefonisch erreichbar und dann auch einsatzbereit sein, d.h. der Koffer ist schon fertig gepackt. In dieser Zeit dürfen Sie z.B. keinen Alkohol trinken. Fällt ein Kollege, der für einen Flug vorgesehen war, kurzfristig wegen Krankheit aus, kommt der Anruf aus der Einsatzplanung: „Bitte sofort zum Flughafen kommen, es steht ein Flug nach Miami an!"

Dann heißt es, so schnell wie möglich am Flughafen sein, denn jede Minute Abflugverzögerung bedeutet für die Airline zusätzliche Kosten.

Flugbegleiter, die entgegen der Anforderung doch etwas weiter weg wohnen, können sich für die Zeit ihres Standby-Dienstes ein Standby-Zimmer nehmen. Oft teilen sich mehrere betroffene Flugbegleiterkollegen ein solches. Jedoch bedeutet ein Standby-Zimmer eine zusätzliche Ausgabequelle. Bei diesem Zimmer, welches Sie nur sporadisch nutzen und eventuell auch teilen, müssen Sie oft Abstriche bei Ihrem Wohnstandard machen. Auch die Koordination mit den Kollegen könnte sich bei Dienstplan-Kollisionen als schwierig erweisen.

Manche Flugbegleiter verweilen direkt am Flughafen, bis es zu einem Einsatz kommt, und melden sich freiwillig für den ersten anfallenden Dienst, um die Unsicherheit des Wartens abzukürzen. So hat jeder seinen Weg gefunden, mit dem Standby-Dienst umzugehen.

Teilzeit

Neueinsteiger beginnen mit einem Vollzeit-Vertrag und können frühestens nach einem halben Jahr der Firmenzugehörigkeit und unter bestimmten Voraussetzungen Teilzeit beantragen (siehe §8 TzBfG, Teilzeit- und Befristungsgesetz, gilt für deutsche Firmen). Die Gewährung von Teilzeitarbeit hängt von internen Richtlinien ab und kann im Vorfeld nicht garantiert werden.

Befristete Flugbegleiterverträge („Flugbegleiter auf Zeit", kurz: FAZ, oder Saisonflugbegleiter) beinhalten in der Regel eine Vollzeitstelle.

Viele bereits aktive Flugbegleiter fliegen in sehr attraktiven Teilzeitmodellen. Diese können verschiedene Formen annehmen, hier ein paar Beispiele:

✓ Sie fliegen in jedem Monat nur die Hälfte der Flugstunden (50%).

✓ Sie arbeiten abwechselnd einen Monat voll, und haben den nächsten Monat komplett frei (50%).

✓ Sie fliegen zwei Monate voll, der dritte Monat ist frei (66%).

Das Grundgehalt wird entsprechend gekürzt und regelmäßig über das Jahr verteilt ausbezahlt.

Flugbegleiterberuf und Kinder

Wenn Sie Kinder haben, beantworten Sie bitte für sich folgende Fragen:

✈ Ist Ihre tagelange Abwesenheit von Zuhause für alle gleichermaßen in Ordnung?

✈ Sind Ihre Kinder in dieser Zeit rund um die Uhr betreut?

✈ Stellt diese Kindesbetreuung auch keine Dauerbelastung für den Betreuer dar?

✈ Können Sie sich 100%ig auf diese Betreuung verlassen?

- Ist diese Betreuung auch kurzfristig verfügbar oder verlängerbar (Rufbereitschaft, Verspätungen)?

Bedenken Sie auch, dass die theoretische Schulung zum Flugbegleiter mehrere Wochen (z.B. bis zu zehn Wochen bei Lufthansa in Frankfurt) dauert. Wenn die Schulung nicht zufällig in der Nähe des Wohnortes stattfindet, bedeutet dies eine wochenlange Abwesenheit. Eine eventuelle Heimreise zwischendurch erfolgt auf eigene Kosten.

Wie viele Nächte Sie tatsächlich pro Monat auswärts schlafen werden, kann im Vorfeld Ihrer Bewerbung niemand voraussagen, denn jeder Monat ist anders. Sie sollten in jedem Fall flexibel genug sein, bis zu 15 Nächte auswärts übernachten zu können. Wenn es tatsächlich weniger sind, ist dies leichter zu verkraften, als wenn Sie sich lediglich auf drei Nächte eingestellt haben, und dann sind es doch mehr.

Aufstiegsmöglichkeiten

Der geradlinige Aufstieg ist Purser (bei Frauen: Purserette; Abkürzung PU). Eine andere Bezeichnungen hierfür ist Chef de Cabin (Chef der Kabine, Abkürzung CDC).

In einer solchen Position sind Sie den anderen Flugbegleitern gegenüber weisungsbefugt und Sie haben die Verantwortung für alles, was sich innerhalb der Kabine abspielt. Bei schwierigen, sicherheitsrelevanten Entscheidungen ist der Purser stets dem Flugkapitän als Flugverantwortlichem unterstellt.

Bei kürzeren Flügen kommt in der Regel nur ein Kabinenverantwortlicher zum Einsatz. Bei Langstreckenflügen gibt es eine Abstufung: der erstrangige Purser und der assistierende Purser (P1 und P2).

Bei einer bestimmten Flugzeuggröße (weniger als 50 Passagiere, nur ein Notausgang) kann es vorkommen, dass es überhaupt nur einen „normalen“ Flugbegleiter an Bord gibt, der dann auch die alleinige Verantwortung trägt.

Purser werden vorzugsweise aus den eigenen Reihen rekrutiert. Eine mindestens einjährige Erfahrung als Flugbegleiter wird vorausgesetzt.

Das Beherrschen einer zweiten Fremdsprache (neben Englisch) ist z.B. bei Lufthansa ein Muss. Darüber hinaus wird erwartet, dass ein Purser eine ausgeprägte Führungskompetenz und ein gutes Durchsetzungsvermögen besitzt.

Wenn der Bedarf aus den eigenen Reihen nicht gedeckt werden kann, werden Purser hin und wieder vom externen Arbeitsmarkt rekrutiert (z.B. Germania).

Einige Flugbegleiter schlagen im Laufe ihrer Airlinezugehörigkeit einen Karriereweg beim Bodenpersonal ein: als Trainer für Flugbegleiterschulungen, als Mitarbeiter in der Einsatzplanung oder als Sachbearbeiter in einer kaufmännischen Abteilung. Je größer die Airline, desto vielfältiger sind die Veränderungsmöglichkeiten, desto größer ist auch die interne Mitbewerberkonkurrenz.

Für eine Bewerbung innerhalb der Airline muss zunächst eine interne Stellenausschreibung vorliegen. Von den persönlichen Fähigkeiten und den Vorkenntnissen hängt mit ab, ob Sie die Stelle letztendlich bekommen werden.

2 Das Anforderungsprofil

Die Kriterien im Anforderungsprofil unterscheiden sich nach den sogenannten „Hard Facts“ und den „Soft Skills“.

Hard Facts

Jede Airline formuliert ihre Hard Facts. Das sind die Kriterien, die nicht aufgeweicht werden und an denen kein Bewerber vorbei kommt (z.B. Körpergröße). Diese werden bereits im ersten Bewerbungsschritt (schriftliche Bewerbung, Online-Bewerbung) überprüft. Nur wer die Hard Facts erfüllt, kann seine Soft Skills unter Beweis stellen.

> Ohne sich von den guten Qualifikationen des Bewerbers zu überzeugen, landet eine Bewerbung sofort auf dem Stapel „Absage“, wenn der Bewerber zu klein ist und somit die geforderte Mindestkörpergröße nicht erreicht.

Zum Glück haben die diversen Airlines unterschiedliche Hard Facts, so dass ein Flugbegleiterbewerber, der für die eine Airline zu klein oder zu jung ist, durchaus noch Chancen bei anderen Airlines hat. Haben Sie bezüglich eines Kriteriums Zweifel, erkundigen Sie sich am besten vorher direkt bei der jeweiligen Airline, um sich eine spätere Enttäuschung zu ersparen.

<u>Geschlecht</u>

Männer und Frauen können sich gleichermaßen bewerben. Den größeren Anteil sowohl bei den Bewerbern als auch beim Kabinenpersonal stellen die Frauen mit ca. 80%. Wegen der hohen Frauenpräsenz nehmen männliche Bewerber manchmal irrtümlich an, dass nur Frauen eingestellt werden: Jeder Mann bekommt natürlich seine gleichberechtigte Chance, wenn die entsprechende Eignung vorliegt.

Alter

Das Thema ‚Einstellungsalter' gerät infolge des Antidiskriminierungsgesetzes (Allgemeines Gleichbehandlungsgesetz, AGG) zu einem heißen Eisen. Einige Airlines verzichten infolge dieses Gesetzes auf die Veröffentlichung eines bestimmten Einstellungsalters – was jedoch nicht heißt, dass es intern nicht doch eine Rolle bei der Vorauswahl-Entscheidung spielen könnte.

AGG

Dieses Gesetz regelt die Rechtsfolgen bei Benachteilungen aus einem der folgenden personenbezogenen Merkmale: Rasse und ethnische Herkunft, Geschlecht, Religion und Weltanschauung, Behinderung, Alter oder sexuelle Identität. Sachlich bezieht sich das Gesetz u.a. auf die Bedingungen, einschließlich Einstellungsbedingungen und Auswahlkriterien, für den Zugang zu Erwerbstätigkeit sowie für den beruflichen Aufstieg.

Den Gesetzestext finden Sie zum Nachlesen im Internet: www.gesetze-im-internet.de/agg. Es handelt sich um eine Seite des Bundesministeriums der Justiz.

Das Mindesteinstellungsalter für Kabinenpersonal von 18 Jahren wird vom Gesetzgeber vorgeschrieben.

Größe

Die Mindestgröße

Diese variiert von 1,57 m (RyanAir, Damen und Herren) bis 1,65 m (z.B. AirBerlin) bei Damen, bzw. 1,75 m (Germanwings) bei Herren.

Die Vorgabe einer Mindestgröße hat primär praktische Gründe, die mit der Flugzeuggröße zu tun haben. Zu kleine Flugbegleiter wären in großen Flugzeugen stets auf die Hilfe hochgewachsener Kollegen angewiesen, wenn es z.B. um das Schließen der Staufächer (Bins) geht. Manche Gegenstände, die der Sicherheit an Bord dienen, sind in einer Höhe montiert, die kleine Flugbegleiter trotz des Streckens auf Zehenspitzen nicht erreichen können.

Ausländische Airlines geben oft keine Mindestgröße an, sondern eine „Mindestarmreichweite“. Emirates setzt z.B. „a minimum arm reach of 212 cms on tip toes“ (auf Zehenspitzen, ohne Schuhe) voraus.

Die Höchstgröße

Diese variiert von 1,75 m (Eurowings, Damen und Herren) bis zu 1,95 m (Lufthansa, Damen und Herren).

Einige Airlines benennen in ihrem Anforderungsprofil lediglich eine Mindest-, nicht jedoch eine Höchstgröße. Ein Bewerber mit einer Körpergröße von 2,00 m wird dennoch kaum Erfolg haben.

Zu große Flugbegleiter könnten in relativ kleinen Flugzeugen (z.B. CRJ) nicht mehr aufrecht laufen und würden auf Dauer Rückenprobleme wegen der stets gebeugten Haltung bekommen.

Sollten Sie lediglich um ein oder zwei Zentimeter von den vorgegebenen Maßen abweichen, lohnt sich eine Anfrage bei der Airline, ob das bei einer eventuellen Bewerbung akzeptiert werden kann. (Sie sollten mit einer enttäuschenden Antwort rechnen, aber dann haben Sie es wenigstens versucht.)

Gewicht

Die Airlines erwarten von ihren Bewerbern ein „Idealgewicht“ (z.B. JAL) oder ein „Gewicht angemessen zur Körpergröße“ (z.B. Contact Air). Manche Airlines äußern sich nicht zum Gewicht. Diese Angaben sind für Bewerber interpretierbar: Was bedeutet „Idealgewicht“ oder „angemessen“? Ist das Gewicht bei einer Airline nebensächlich, wenn im Anforderungsprofil nicht näher darauf eingegangen wird?

In verschiedenen Quellen wird das Idealgewicht unterschiedlich definiert. So schwanken die Angaben

- ✓ bei einer 170 cm großen Frau zwischen 60 kg und 72 kg,
- ✓ bei einem Mann, der 180 cm misst, zwischen 72 kg und 88 kg.

Bewerber, die ein höheres Gewicht als die Faustregel

- ✓ Damen: {Körpergröße minus 100 } Kilogramm
- ✓ Herren: {Körpergröße minus 100, plus 10 } Kilogramm

aufweisen, können damit rechnen, eine Absage zu erhalten. Es gelten oftmals eher strengere Grenzen.

Bei allen Airlines ist das Gewicht ein Entscheidungskriterium, auch dann, wenn im Anforderungsprofil nicht ausdrücklich darauf eingegangen wird. Eine allgemeingültige Aussage zu treffen, ab welchem Gewicht eine Airline definitiv eine Absage erteilt, ist ein schwieriges Unterfangen.

Wer bei einer Airline nach dem intern definierten Idealgewicht fragt, wird nur selten eine konkrete, verbindliche Aussage erhalten.

Ein geringeres Körpergewicht als das erwartete „Idealgewicht" ist selbstverständlich akzeptabel, sofern es sich in einer gewissen Bandbreite bewegt. Wenn eine Frau bei einer Größe von 1,70 m z.B. „nur" 55 kg wiegt, so muss diese Frau nicht 8 kg zunehmen, um das airlineinterne Idealgewicht zu erreichen. Das Idealgewicht ist als vage Obergrenze zu verstehen.

Ein wiederum zu niedriges Körpergewicht entsprechend zur Körpergröße (Untergewicht) muss im Einzelfall beurteilt werden. Magersucht und sonstige Essstörungen können zur Fluguntauglichkeit führen.

Letztendlich muss der Bewerber bei der Einstellung ein für die Airline akzeptables Erscheinungsbild abgeben und soll vom Gesamteindruck her gesund und belastbar wirken. Das eine oder andere abweichende Pfund kann hierbei durch Persönlichkeit wett gemacht werden.

Bewerber, die erst später im Job an Gewicht zulegen (kann infolge der Ernährungsumstellung passieren), werden deshalb nicht gleich ihren Job verlieren. Je nach „Ausmaß" wird es Personalgespräche geben. Damit sollten Sie sich jedoch im Zuge Ihrer Bewerbung nicht belasten.

Allgemeine Gesundheit

Selbst wenn das persönliche Auswahlverfahren bei einer Airline positiv durchlaufen wurde, so kann das Ergebnis der medizinischen Flugtauglichkeitsuntersuchung das Aus für die Realisierung Ihres Traumberufs bedeuten. Kündigen Sie deshalb nicht Ihren alten Job, bevor Sie wissen, ob Sie flugtauglich sind oder nicht.

Diese Tauglichkeitsuntersuchung (= Medical) findet erst nach der persönlichen Auswahl statt. Meistens wird diese von den Airlines bezahlt (z.B. Lufthansa), manchmal jedoch auch nicht (z.B. RyanAir; kostet je nach Airline zwischen 50 und 200 Euro). In einigen Fällen werden die Kosten nach dem erfolgreich absolvierten Lehrgang erstattet.

Durchgeführt wird diese Untersuchung von Ärzten, die darauf spezialisiert sind. Die Kontaktdaten dieser Ärzte erhalten Sie zu gegebener Zeit von der Airline.

Es werden u.a. Augen, Ohren, Herz, Blut, Urin, Körperbau, Lungen untersucht. Aids ist dabei ebenso ein Thema wie Rauschgift und Allergien. Fragebogen zu Vorerkrankungen müssen ausgefüllt werden.

Für alle bekannten Vorerkrankungen gilt: Im Zweifel nehmen Sie bitte Kontakt zu der Airline auf, um im Vorfeld einer Bewerbung eine eventuelle Fluguntauglichkeit zu klären. Vorerkrankungen zu verschweigen hilft vielleicht, dem Traumziel näher zu kommen, allerdings darf daran gezweifelt werden, ob Sie sich damit einen großen Gefallen tun. Die Bewahrung Ihrer Gesundheit sollte Ihr höchstes Ziel sein.

Das Verschweigen von Vorerkrankungen bedeutet zudem eine rechtliche Gratwanderung. Spätestens wenn dieser Umstand im Nachhinein bekannt wird, können rechtliche Konsequenzen (Haftungsansprüche, Kündigung) nicht ausgeschlossen werden.

Bedenken Sie, dass das Fliegen sehr anstrengend ist und das Immunsystem schwächt. Der Körper wird durch die unterschiedlichen, ständig wechselnden Zeit- und Klimazonen und durch veränderte hygienische Verhältnisse zusätzlich belastet.

Aus Sicht der Airline ist eine robuste Gesundheit sehr wichtig: Häufige, vermeidbare Krankheitsausfälle kosten Geld. Schon eine kleine

Erkältung, mit der sich viele Büroangestellte noch ins Büro schleppen, bedeutet beim Flugbegleiter bereits eine definitive Arbeitsunfähigkeit.

Sie müssen sich im Vorfeld der Bewerbung normalerweise kein Gesundheitszeugnis von Ihrem Hausarzt ausstellen lassen. Manchmal erwarten die Airlines eine augenärztliche Bescheinigung über die Sehleistung, falls diese eingeschränkt ist (z.B. Condor).

Augen

Brillenträger sind durchaus kein Tabu mehr. Ob Sie im Falle einer Fehlsichtigkeit Kontaktlinsen oder Brille tragen, spielt bei den meisten Airlines keine Rolle. Für die Beurteilung Ihrer Flugtauglichkeit ist die Stärke der Fehlsichtigkeit (Dioptrien) von Wichtigkeit. Hier variieren die Richtlinien von Airline zu Airline.

Sollte das Anforderungsprofil keine konkrete Angabe enthalten, erkundigen Sie sich bitte direkt bei der Airline. Im Allgemeinen können Sie davon ausgehen, dass es bis zu +/- 3 Dioptrien keine Einschränkungen gibt. Bei Lufthansa gilt als Grenze +/- 4,75 Dioptrien.

Hintergrund ist, dass Sie auch im Notfall trotz eines eventuellen Verlusts der Sehhilfe über ausreichend natürliche Sehschärfe verfügen müssen, um den Passagieren helfen zu können.

Laserbehandlungen, die zur Korrektur der Fehlsichtigkeit eingesetzt werden, können wegen nicht nachgewiesener Spätfolgen kritisch gewertet werden und zur Fluguntauglichkeit führen. Lassen Sie sich vor einem eventuellen Eingriff von einem Fliegerarzt objektiv beraten!

Zähne

Sie sollten optisch ansprechend und gepflegt sein.

Für den Flugbegleiterberuf dürfen Sie Plomben oder Zahnersatz haben. Es ist es normalerweise nicht notwendig, dass Sie Ihre Amalgam-Füllungen durch Keramikfüllungen ersetzen lassen.

HNO (Hals, Nase, Ohren)

Chronische Atemwegserkrankungen bedingen bei der Flugtauglichkeitsuntersuchung normalerweise eine Fluguntauglichkeit.

An Bord herrscht eine sehr niedrige Luftfeuchtigkeit (nur 6%-15%). Die Schleimhäute trocknen schnell aus, sind daher besonders reizbar und anfällig für Krankheitserreger. Eine Verschleimung der Atemwege erschwert den Druckausgleich, was zu starken Schmerzen und auch zu Verletzungen im empfindlichen Ohrbereich führen kann. Schon eine kleine Atemwegserkrankung führt daher zur Arbeitsunfähigkeit.

Rücken

Dieser muss gesund und belastbar sein. Durch das häufige, zum Teil auch falsch durchgeführte Bücken und aufgrund der schweren Lasten (z.B. Schieben des vollen Trolleys) wird dieser besonders beansprucht. Insofern mindern Vorerkrankungen im Rückenbereich oder eine Fehlstellung des Rückgrates die Chance auf den Einstieg in den Beruf.

Allergien

Hierbei kommt es auf den Schwierigkeitsgrad und auf die Ursachen der Allergie an. Auch wenn Sie diese durch Medikamente oder gezielte Ernährung weitgehend im Griff haben, so kann die Entscheidung über eine Flugtauglichkeit letztendlich nur der Fliegerarzt treffen.

Drogen

Es werden verstärkt Drogentests bei den Airlines durchgeführt. Häufige Drogeneinnahmen können nachhaltig die Wahrnehmungsfähigkeit verändern. Dieser Umstand ist beim fliegenden Personal und bei allen anderen sicherheitsrelevanten Berufen negativ zu bewerten. In Ihrem eigenen Interesse und im Interesse der Passagiere sollten Sie als verantwortungsbewusster Flugbegleiter auf Drogenkonsum verzichten.

AIDS

Es wird auch ein Aids-Test durchgeführt. Wer mit dem HI-Virus infiziert ist, wird als fluguntauglich beurteilt. Letztendlich ist das Reisen in ferne Länder nicht nur eine große körperliche Belastung, sondern stellt auch ein Quell für viele exotische Krankheiten dar.

Impfungen

Im Rahmen Ihres Berufes müssen Sie die Bereitschaft mitbringen, sich impfen zu lassen. Welche Impfungen genau anstehen, erfahren Sie beim Fliegerarzt oder von der Airline, wenn es soweit ist. Wenn Sie nur innerhalb Europas fliegen, benötigen Sie z.B. keine Gelbfieberimpfung.

Sprachkenntnisse

In kaum einem anderen Beruf kann ein sprachbegabter Mensch seine Fremdsprachenkenntnisse so gewinnbringend einsetzen.

Bei den deutschen Airlines wird die Beherrschung der Sprachen Deutsch und Englisch vorausgesetzt. Jede weitere Fremdsprache wird begrüßt (z.B. Türkisch bei Hamburg International oder Italienisch bei TUIfly).

Die Beherrschung der Sprache beinhaltet, auf einen reichen Wortschatz zurückgreifen zu können, die Grammatik richtig anzuwenden, den Mut zu haben, die Sprache aktiv zu sprechen und in schwierigen Situationen nicht die Kontrolle über die Sprache zu verlieren.

Kennen Sie die Situation, dass Sie in einer fremden Sprache etwas zum Ausdruck bringen möchten, es am Ende doch lieber sein lassen, weil Sie nicht wissen, wie Sie es am besten in dieser Sprache formulieren? Genau dies sollte Ihnen an Bord in den Sprachen Deutsch und Englisch nicht passieren, denn gerade bei sicherheitsrelevanten Angelegenheiten ist die aktive Ansprache an den Passagier sehr wichtig.

Deutsch

Für alle deutschen Airlines gilt: Fließendes Deutsch ist Voraussetzung. Dazu gehört nicht nur die korrekte Anwendung der Grammatik und ein reicher Wortschatz, sondern auch eine gute Verständlichkeit.

Dies trifft nicht nur auf ausländische, sondern auch auf deutsche Bewerber zu. Manchem deutschen Bewerber ist vermutlich gar nicht bewusst, dass dessen Deutsch aufgrund seines starken Dialekts für den ausländischen Gast nicht erschließbar ist. Manchmal ist die Sprachfärbung so stark, dass selbst deutsche Muttersprachler überfordert sind.

Der Bewerber sollte in der Lage sein, sich in einem guten Hochdeutsch zu verständigen und dies aktiv bereits in den Bewerbungsgesprächen zu zeigen. Wenn hierbei dennoch die regionale Herkunft im Ansatz verraten wird, kann dies durchaus charmante Züge haben.

Englisch

Die Anforderungen an das Niveau der englischen Sprachkenntnisse sind von Airline zu Airline sehr verschieden.

In einem Flugzeug der AirBerlin von Frankfurt nach Rom sitzen mit einer sehr hohen Wahrscheinlichkeit mehr deutschsprachige Passagiere, als an Bord einer Lufthansa-Maschine auf derselben Strecke. Lufthansa ist aufgrund verschiedener Allianzen in ein internationales Streckennetz eingebunden und führt viele Codeshare-Flüge von ausländischen Fluggesellschaften durch. Ihre Englischkenntnisse müssen daher bei Lufthansa ein höheres Niveau haben als z.B. bei AirBerlin.

Die Sicherheitsanweisungen in Englisch vorzulesen und den Gast nach dem Essen nach „tea or coffee“ zu fragen, das ist keine Kunst. Wenn Sie aber von einem englischen Fluggast gebeten werden zu erklären, warum das Flugzeug so verdächtig wackelt, sollten Sie sowohl dessen Frage verstehen, als auch in der Lage sein, ihm antworten zu können, und dabei noch viel Sicherheit auszustrahlen.

Nicht zu vergessen ist natürlich die Tatsache, dass die offizielle Fliegersprache Englisch ist. Laut JAR (Joint Aviation Requirements) hat die Airline sicherzustellen, dass sich alle Besatzungsmitglieder mittels einer gemeinsamen Sprache verständigen können. Besonders wenn sogenannte ‚Regionale Flugbegleiter' an Bord mitarbeiten, ist die sichere Beherrschung der englischen Sprache unerlässlich.

Die Notfallanweisungen sind meistens in englischer Sprache verfasst. Auch deswegen sollten Sie über eine sehr gute Basis in Englisch verfügen, damit Sie mit den sicherheitsrelevanten Dingen an Bord nicht überfordert sind.

Mit der Anwendung Ihrer Englischkenntnisse repräsentieren Sie die Airline, für die Sie arbeiten. Sind die Englischkenntnisse mangelhaft, spricht man über die Airline: „Die Mitarbeiter dort können kein Englisch." Insofern sind Ihre guten Sprachkenntnisse ein wichtiges Aushängeschild für Ihre Airline und fördern deren Servicebild.

Es wird von Ihnen nicht verlangt, dass Sie das Fliegerenglisch bei der Einstellung perfekt beherrschen. Die Fachbegriffe erlernen Sie im Laufe des Lehrgangs oder während Ihrer Arbeit.

Englisch lernen

Es gibt fähige Bewerber, die gute Flugbegleiter wären, jedoch nur über mangelnde bis gar keine Englischkenntnisse verfügen. Der einzige Weg, doch noch den Traumberuf zu ergreifen, erfordert viel Initiative und das Erlernen der Sprache.

Nun ist nicht jeder Mensch gleichermaßen sprachbegabt. Der eine kann nach drei Jahren Schulenglisch durchaus akzeptabel kommunizieren, der andere kann sich nach einem Jahr Auslandsaufenthalt noch immer nicht souverän verständlich machen.

Alle Airlines führen eigene Sprachtests durch und verlassen sich nicht alleine auf Zertifikate – schließlich kennt die Airline nicht die Standards einer kleinen Sprachschule in einem Vorort von Bristol.

Wie erlernt man nun die Sprache, die die Tür zum Flugbegleiter-Beruf öffnet? Es kommt darauf an, ob bereits eine gute Basis vorhanden ist, diese im Laufe der Jahre lediglich in Vergessenheit geraten ist und wieder aktiviert werden muss, oder ob nur eine schwache Basis vorhanden ist und die Sprache im Grunde genommen neu erlernt werden muss. Ein generelles und allgemeingültiges Rezept gibt es nicht. Ein Aufenthalt im englischsprachigen Ausland ist jedoch immer empfehlenswert. Es ist außerdem eine gute Methode, um eine eventuell vorhandene Sprachangst zu überwinden.

Sie können Englisch alternativ an der Volkshochschule oder im Eigenstudium erlernen, unterstützt durch Kassetten oder CD's und Lehrbuch. Dies erfordert jedoch sehr viel Disziplin. Bei Fragen stehen Sie alleine da und haben keinen Ansprechpartner. Ein Privatlehrer ist sehr teuer, verspricht aber eine individuelle Betreuung.

Parallel zum Lernen ist es sinnvoll, englische Bücher zu lesen (es gibt diese in unterschiedlichen Schwierigkeitsgraden) oder englischsprachige Filme im Originalton anzuschauen (im Zeitalter der DVDs ist dies kein Problem mehr!).

Andere Sprachen

Jede weitere Sprache ist willkommen, aber oft kein Muss. Wenn Sie zufällig eine Sprache beherrschen, die der geplanten Expansion der jeweiligen Airline förderlich ist (z.B. die Airline möchte ihre Verbindungen nach Russland ausbauen, und Sie beherrschen die russische Sprache), so kann dies ein Vorteil bei der Bewerbung sein.

Eine weitere Sprache ersetzt jedoch nicht Englisch. Selbst wenn Sie vier oder fünf verschiedene Sprachen sprechen: Ohne Englischkenntnisse ist eine Bewerbung nicht aussichtsreich.

Bei Lufthansa wird für eine Bewerbung zum Purser eine zweite Fremdsprache verlangt. Insofern ist die fließende Beherrschung einer zweiten Fremdsprache für den ambitionierten Bewerber wichtig.

Auch andere Airlines sehen es gerne, wenn eine weitere Sprache gesprochen wird. Exotische Sprachen sind z.B. bei Hamburg International willkommen: türkisch, arabisch oder kurdisch.

Staatsangehörigkeit

Die Nationalität oder Staatsangehörigkeit ist ein wichtiges Thema. Flugbegleiter reisen viel. Deren Reisepass ist schnell voller Ein- und Ausreisestempel, vor allem wenn sie weltweit fliegen. Der ganze Stolz von einigen Flugbegleitern ist der vollgestempelte Reisepass. (Generell gilt übrigens, dass der Reisepass bei Dienstantritt noch mindestens ein Jahr Gültigkeit haben sollte.)

Mit dem Besitz von bestimmten Staatsbürgerschaften (z.B. Angehörige der ‚alten' EU-Staaten) kann man relativ problemlos durch die Welt reisen. Aber es gibt auch jene Nationalitäten, die das Reisen erschweren. So wissen viele türkische Mitbürger von Einreisebeschränkungen in Urlaubsländer zu berichten, die den Deutschen fremd sind.

Die meisten Airlines verlangen ausdrücklich einen „EU-Pass" (z.B. Germanwings). Lufthansa erwartet einen „Reisepass ohne Reisebeschränkungen", Hamburg International einen „Reisepass, der den internationalen Einsatz ermöglicht".

AirBerlin, Blue Wings und Eurowings schreiben in ihrem Profil: „Bei nicht EU-Mitgliedern gültige Aufenthalts- und Arbeitserlaubnis."

Erkundigen Sie sich – falls Sie Zweifel haben – vor einer Bewerbung, ob Ihre Staatsangehörigkeit ein Problem darstellen könnte.

Die Staatsangehörigkeit betreffend sind EU-Bürger (zumindest die aus den 15 ‚alten' EU-Staaten) auf der relativ sicheren Seite, wenn es um eine Bewerbung bei einer deutschen oder EU-Airline geht.

Nehmen Sie das Kriterium der Staatsangehörigkeit ernst. Akzeptieren und respektieren Sie dies, auch wenn es aufgrund guter Qualifikationen und sehr guter deutscher Sprachkenntnisse schwer fallen sollte. Betrachten Sie dieses Einstellungskriterium nicht als ausländerfeindlich. Dass Airlines keineswegs dieser Auffassung sind, versteht sich schon aufgrund deren Geschäftsidee: die Verbindung zwischen Ländern zu fördern und zu erleichtern.

In der Tat stellen Airlines gerne Angehörige verschiedener Kulturen ein. Dies bereichert nicht nur den Personalstamm der Airline, sondern kommt auch der internationalen Kundschaft zugute. Es gibt viele Mitarbeiter an Bord von Lufthansa-Maschinen mit unterschiedlicher

Hautfarbe (unabhängig von den Regionalen Flugbegleitern). Diese haben in der Regel jedoch einen EU-Pass, auch wenn man es auf den ersten Blick nicht glauben möchte.

Lufthansa erwähnt gerne stolz, dass sie weltweit Mitarbeiter (vorwiegend Bodenpersonal) aus über 100 Nationen im Dienst hat.

Ob ein Bewerber seine Nicht-EU-Staatsbürgerschaft aufgibt, weil er gerne Flugbegleiter werden möchte, kann nur er selbst entscheiden. Bedenken Sie in dem Zusammenhang auch, dass eine EU-Staatsbürgerschaft noch keine Garantie für eine Einstellung bedeutet. Wie kämen Sie damit zurecht, wenn Sie trotz aufgegebener Staatsangehörigkeit nicht als Flugbegleiter eingestellt werden würden?

Regionale Flugbegleiter

Große Airlines stellen vermehrt Regionale Flugbegleiter ein. Ein Beispiel: Lufthansa beschäftigt japanische Flugbegleiter, die schwerpunktmäßig auf den Strecken nach/von Japan zusammen mit deutschen Flugbegleitern eingesetzt werden. Umgekehrt setzt auch Japan Airlines (JAL) deutsche Flugbegleiter auf den Strecken von/nach Deutschland und Europa ein.

Voraussetzungen für die Einstellung als Regionaler Flugbegleiter sind die ethnische Zugehörigkeit, die fließende Beherrschung der Muttersprache und die Kenntnisse über die landestypische Kultur und Verhaltensweisen. Hierzu ist es unerlässlich, dass der Bewerber zumindest einen Teil seines Lebens in seinem Heimatland verbracht hat. Japanische Kinder, die in Deutschland geboren und aufgewachsen sind, haben daher in der Regel schlechtere Chancen, als Regionale Flugbegleiter bei Lufthansa eingestellt zu werden, als Japaner, die in Japan aufgewachsen sind.

Von Regionalen Flugbegleitern wird erwartet, dass sie besonders gut auf die Wünsche der Landsleute eingehen können. Das ist ein an Bord sehr geschätzter Service.

Der Bedarf an Regionalen Flugbegleitern ist sehr sporadisch. Außer japanischen Flugbegleitern stellt Lufthansa hin und wieder z.B. chinesische (Air China beschäftigt umgekehrt deutsche Staatsbürger), koreanische oder indische Flugbegleiter ein. Häufig werden diese vor Ort rekrutiert.

Regionalen Flugbegleitern bleibt der Karriereweg zum Purser meist verschlossen – unabhängig von deren persönlichen Qualifikationen und Sprachkenntnissen.

Eine schöne Alternative – falls eine Einstellung als Flugbegleiter aufgrund der Staatsangehörigkeit oder eines anderen Hard Fact Kriteriums nicht möglich ist – stellt die Tätigkeit als Check-in-Mitarbeiter dar (siehe auch Kapitel „Check-in"). Hierfür spielt z.B. die Staatsangehörigkeit nur eine untergeordnete Rolle, weil Sie hier nicht grenzüberschreitend tätig sind. Wichtig ist jedoch, dass Sie die arbeitsrechtlichen Bestimmungen einhalten (Arbeitserlaubnis und Aufenthaltsgenehmigung).

Führerschein

Der Besitz des Führerscheins wird von einigen Airlines (z.B. TUIfly, Eurowings, Contact Air) vorausgesetzt, von anderen nicht (z.B. Lufthansa). Wenn Sie keinen Führerschein oder kein Auto haben, und dies im Profil nicht verlangt wird, müssen Sie dennoch sicher stellen, dass Sie auch ohne Auto zu ungewöhnlichen Zeiten innerhalb von einer Stunde am Flughafen eintreffen können.

Zur Wahrung Ihrer Flexibilität hat ein Auto einen sehr hohen Wert.

Schwimmen

Das Kriterium Schwimmen wird oft nicht bei der Einstellung erfragt. Nur für wenige Airlines (z.B. Hamburg International, RyanAir) ist dies eine explizite Einstellungsvoraussetzung, was jedoch nicht heißt, dass es für die anderen Airlines minderwichtig ist. Es ist in jedem Fall ein Thema, mit dem Sie sich im Vorfeld auseinander setzen sollten!

Ein Teil des Emergency Trainings (Sicherheitsübung), für dessen Inhalte gesetzliche Bestimmungen (JAR - Joint Aviation Requirements) verantwortlich sind, ist die Notwasserungsübung im Schwimmbad. Ein Tag, auf den sich die Wasserratten unter den Flugbegleitern besonders freuen. Für diejenigen, die nicht schwimmen können, ist dieser Tag der reinste Horror.

Wenn Sie Ihre Lizenz zum Fliegen bekommen möchten, müssen Sie alle Emergency-Übungen bestehen. Olympiareifes Schwimmen wird nicht verlangt, jedoch sollten Sie keine Wasserangst haben und in der Lage sein, sich ohne Boden unter den Füßen über Wasser zu halten.

Telefonische Erreichbarkeit

Oft wird im Anforderungsprofil ein Telefonanschluss verlangt. In der Regel reicht ein Festnetztelefon, manchmal wird auch ein mobiles Telefon zur Bedingung gemacht (z.B. bei Blue Wings). In manchen Anforderungsprofilen wird nicht explizit das Vorhandensein eines Telefonanschlusses gefordert, ist aber dennoch sehr wichtig.

Ihre telefonische Erreichbarkeit ist für die Airline unerlässlich, insbesondere während des Standby-Dienstes.

Erste-Hilfe-Ausbildung

Eine erfolgreich abgeschlossene Erste-Hilfe-Ausbildung ist bei den meisten Airlines keine Einstellungsvoraussetzung. Diese wird in der Regel während des Lehrgangs durchgeführt.

Im Extremfall müssen Sie an Bord als Ersthelfer tätig werden. Eine gewisse medizinische Grundausbildung ist deshalb unerlässlich. Im Notfall, der Ihre Ersthelferfunktion überfordert, muss an Bord gegebenenfalls ein Arzt ausgerufen werden.

Medizinische Grundkenntnisse sind bei einer Bewerbung von Vorteil, jedoch kein Muss.

Polizeiliches Führungszeugnis / Sicherheitsüberprüfung

Ein polizeiliches Führungszeugnis wird heute kaum mehr verlangt (Ausnahmen: z.B. Blue Wings, E.A.E., Air China). Jedoch wird von den Airlines vor jeder Einstellung eine Sicherheitsüberprüfung (z.B. bezüglich etwaiger Vorstrafen) durchgeführt. Dies ist eine gesetzliche Bestimmung. Damit soll gewährleistet werden, dass nur solche Personen unbegleitet die Zugangserlaubnis zu sicherheitsrelevanten Bereichen erhalten, bei denen keinerlei Bedenken vorliegen.

Dasselbe gilt übrigens (wegen der besonders scharfen Sicherheitsauflagen) für alle beruflichen Tätigkeiten, die im Zusammenhang mit dem Flughafen und Flugzeugen stehen.

Die Sicherheitsüberprüfung wird erst im Zuge einer bevorstehenden Einstellung durchgeführt. Dabei müssen die Wohnorte der letzten zehn Jahre (jeweilige Wohndauer, genaue Anschrift, mit Postleitzahl) sowie Reisepass- und Personalausweisnummer angegeben werden. Diese Angaben benötigt die zuständige Behörde, um die Überprüfung ordnungsgemäß gewährleisten zu können. Das Ergebnis, welches die Airline erhält, lässt ungefähr 7-14 Tage auf sich warten, in Einzelfällen auch länger. Sie können erst nach Vorliegen des günstigen Ergebnisses einen Flugbegleiterlehrgang antreten.

Rauchen

Ob Sie Raucher oder Nichtraucher sind, interessiert die meisten Airlines bei der Einstellung nur bedingt. Nur wenige Airlines berühren dieses Thema in ihrem Anforderungsprofil, z.B. wünscht Blue Wings Bewerber, die „Nichtraucher" sind.

Der Trend zu Nichtraucherflügen (alle Lufthansaflüge sind Nichtraucherflüge!) kann für den nikotinabhängigen Flugbegleiter zur Qual werden, gerade bei Langstreckenflügen. Überlegen Sie sich vor Ihrer Bewerbung zum Flugbegleiter, ob dieser Umstand für Sie akzeptabel ist. Heimliches Rauchen in einer Flugzeugtoilette ist für Sie genauso verboten wie für den Fluggast. Daran müssen Sie sich strikt halten, ohne Wenn und Aber.

Computerkenntnisse

Flugbegleiter ist ein Beruf, den man auf den ersten Blick nicht mit Computer in Verbindung bringt. In der Tat ist es jedoch sehr hilfreich, Freundschaft mit dem Computer geschlossen zu haben, zumindest als Anwender. Bei den Airlines werden viele Dinge des täglichen Lebens (Bewerbung, Sicherheitsüberprüfung, Arbeitszeitkonten, Requests, Bordabrechnungen, Informationsplattform Intranet) über den Computer abgewickelt. Flugbegleiter, die ein gewisses Grundverständnis dafür haben, sparen viel Zeit und sind einfach besser informiert.

Computeranwenderkenntnisse sind kein Einstellungskriterium. Air Berlin und Blue Wings erwarten jedoch von den Bewerbern einen Internet-Anschluss und das Vorhandensein einer Email-Adresse.

Soft Skills

Die Soft Skills sind „weiche Kriterien“, bei denen die individuelle Note entscheidet. Diese können erst im persönlichen Kontakt beurteilt werden.

Die folgenden Kriterien überschneiden sich zum Teil, z.B. Reife/ Auftreten.

Ein Bewerber muss nicht alle Kriterien zu 100% erfüllen, um ein guter Flugbegleiter zu werden.

> Im Folgenden werden Begriffe aus dem Auswahlverfahren (z.B. Gruppendiskussion, Gruppenübung) verwendet. Die Klärung dieser Begriffe erfolgt im Kapitel “Die Bestandteile des Auswahlverfahrens“.

<u>Motivation</u>

Um Ihrer Motivation auf die Spur zu kommen, beantworten Sie für sich folgende Fragen:

- Warum möchten Sie Flugbegleiter werden?
- Was erwarten Sie von der Tätigkeit?
- Wieso schätzen Sie besonders den Umgang mit Menschen?
- Bedienen Sie gerne Menschen?
- Arbeiten Sie gerne in Uniform?
- Übernehmen Sie gerne Verantwortung?
- Stellen Sie sich gerne neuen Herausforderungen?

- Sind Sie flexibel und offen für Neues?
- Schichtarbeit hat für Sie mehr Reiz als normale Bürozeiten?
- Möchten Sie etwas von der Welt sehen?
- Sind Sie fasziniert vom Fliegen und der Technik, die dahinter steckt?
- Sind die verbilligten Flüge, die Sie als Mitarbeiter in Anspruch nehmen können, für Sie besonders attraktiv?
- Für schicke Hotels, in denen die Flugbegleiter bei Ihrem Einsatz übernachten, hatten Sie schon immer eine Schwäche?
- Haben Sie gerade eine Lebenskrise hinter sich gebracht und möchten jetzt ganz neue Wege gehen?
- Möchten Sie einfach aus Ihrem monotonen Alltag ausbrechen?
- Oder ist es eine Kombination aus mehreren Faktoren?

Werden Sie sich klar über Ihre Motivation.

Es ist aus Sicht der Airline wünschenswert, wenn sich Ihre Hauptmotivation aufrichtig auf die Dienstleistung und die Freude am Umgang mit den Passagieren bezöge, auch wenn die ganzen Annehmlichkeiten am Rande des Flugbegleiterberufs nicht zu verachten sind.

Motivationen wie

> „Ich bin so gut qualifiziert, weil ich ein Hochschulstudium abgeschlossen habe und 7 Sprachen spreche!",
>
> „Ich finde die privaten Flugvergünstigungen so toll!",
>
> „Ich reise gern, deshalb möchte ich Flugbegleiter werden!",
>
> „Ich habe genug von meinem alten Job und möchte einfach mal was anderes machen!",
>
> „Meine Mutter fliegt auch bei Ihrer Airline als Stewardess!",

> „Ich habe Ihre Anzeige gelesen, da dachte ich mir, ich bewerbe mich einfach mal!“

sollten bestenfalls im geeigneten Gesamtkontext eingebracht werden, nicht jedoch alleine für sich sprechen.

Weil viele Bewerber wissen, worauf es bei der Bewerbung ankommt, sind sie nicht ganz aufrichtig, was die Darstellung ihrer Motivation betrifft. Sie erhoffen sich den größtmöglichen Nutzen, wenn sie das sagen, von dem sie erhoffen, es sei das Richtige. Sie antworten „sozial erwünscht“.

Das wissen die Mitarbeiter der Airline, die das Auswahlgespräch führen, wiederum ganz genau. Die Airline-Mitarbeiter haben jedoch die Erfahrung, auch zwischen den Zeilen die Überzeugung und Motivation des Bewerbers heraus zu hören.

Was sagen Sie nun, wenn Sie nach Ihrer Motivation gefragt werden? An dieser Stelle kann es keine pauschale Empfehlung geben. Dieses Buch soll Ihnen gesamtheitliche Denkanstöße geben, es möchte Ihnen nicht eine sozial erwünschte Wortwahl in den Mund legen.

Denken Sie immer daran, Sie müssen Sie selbst sein!

Sie sollten voll und ganz hinter der Motivation, mit der Sie die Airline überzeugen möchten, stehen und sich damit identifizieren können!

Die Airline möchte keine gleichförmigen Standard-Bewerber, bei denen man sofort erkennt, welches Vorbereitungsbuch sie gelesen haben.

Wenn Sie antworten, dass Sie gerne den Umgang mit Menschen mögen, dann erkennt Ihr Gegenüber, ob und wie sehr Sie das meinen, was Sie sagen, oder ob diese Worte lediglich Fassade sind.

Wenn Sie sich ausreichend mit den Inhalten des Berufes, den Vor- und Nachteilen auseinander gesetzt haben, und Sie sich Ihrer Motivation klar sind, fällt Ihnen eine gute, vor allem überzeugende Antwort ein, die zu Ihrer Persönlichkeit passt.

Die Angst davor, etwas Falsches zu sagen, ist begründet, wenn es darum geht, seinen Traumjob zu bekommen. Die Entscheidung darüber, ob Sie ein Vertragsangebot bekommen oder nicht, hängt jedoch von vielen Faktoren ab. Wenn Sie sich einen tollen Motivationstext ausgedacht haben, diesen aber nicht überzeugend mitteilen können oder Ihr Auftreten insgesamt nicht stimmig ist, wird Ihnen Ihre vorherige gedankliche Zurechtlegung der „richtigen" Worte die Chance auf eine Einstellung nicht erhöhen.

Gepflegtes Äußeres

Bei Ihrer späteren Tätigkeit repräsentieren Sie Ihre Airline und es entscheidet oft der erste Eindruck über Sympathie oder Antipathie.

> Sind Sie freundlich, gilt die Airline als freundlich.
>
> Strahlen Sie viel Kompetenz aus, wirkt die Airline kompetent.
>
> Sind Sie gepflegt, wird die Airline als gepflegt empfunden.

Der erste, persönliche Eindruck spielt auch im Auswahlverfahren eine sehr wichtige Rolle. Das Äußere ist Ihre Visitenkarte, die Ihnen alle Türen öffnen, aber auch verschließen kann.

Manche Airlines verfahren nach dem Prinzip des ersten Eindrucks bei deren Auswahl (insbesondere bei den Recruiting Days). Eine kurze Begutachtung des Bewerbers (auf und ab gehen, ein paar gesprochene Worte) – und schon ist die Entscheidung darüber gefallen, ob der Bewerber in die nächste Bewerberrunde kommt.

- Kleiden Sie sich gerne geschmackvoll?
- Macht es Ihnen Spaß, mehr aus Ihrem Typ zu machen?
- Gefällt Ihnen ein klassischer Stil?

Tipps und Hinweise zu Ihrem Outfit am Auswahltag finden Sie im Kapitel “Die Einladung, Vorbereitung auf das Gespräch”.

Schönheit

Eine allgemeingültige Meinung besagt, dass ein Bewerber wie ein Model aussehen muss, um überhaupt Chancen zu haben. In der Tat gibt es viele gutaussehende Flugbegleiter, was durch die schicke Uniform noch unterstrichen wird.

Selbst wenn Sie nicht dem Schönheitsideal entsprechen, sollten Sie sich nicht scheuen, sich zu bewerben, denn es kommt auf so viel mehr an, als nur auf äußere Schönheit. Schönheit kommt von innen.

Ein hübscher Bewerber wird nicht wegen seiner Schönheit eingestellt, sondern weil er darüber hinaus mit seiner Persönlichkeit überzeugen konnte. Ein warmherziger, serviceorientierter, selbstzufriedener Bewerber, der auch sonst alle Kriterien erfüllt, wird nicht abgelehnt, weil er eine zu große Nase oder zu kurze Beine hat.

Nur gravierende Schönheitsmängel können unter Umständen ein Absagegrund sein, aber ein solcher Mangel kann nur im Bewerbungsverfahren beurteilt werden.

Umgangsformen / Auftreten

Ein angemessenes, rücksichtsvolles Auftreten ist von Vorteil. Demonstrieren Sie dies bereits während des Auswahltages:

> Warten Sie Anweisungen ab, handeln Sie nicht eigenmächtig.
>
> Bedanken Sie sich, wenn Ihnen jemand die Tür aufhält.
>
> Verdrehen Sie die Augen nicht entnervt, wenn Ihnen der Interviewer zum dritten Mal eine scheinbar ähnliche Frage stellt.

Hinter guten Umgangsformen steckt ein jahrelanger Prozess. Sie können nicht von heute auf morgen erlernt werden, ebenso wenig wie ein weltgewandtes, offenes, charmantes, warmherziges und selbstsicheres Auftreten.

- Nehmen Sie erst Platz, nachdem Ihr Gastgeber Ihnen diesen zugewiesen hat?
- Lassen Sie Ihren Gesprächspartner aussprechen?
- Schauen Sie Ihrem Gegenüber offen in die Augen?
- Sind Sie beim Gespräch freundlich und aufmerksam?
- Vertreten Sie Ihre Meinung angemessen?
- Beherrschen Sie die Grundregeln des zwischenmenschlichen Miteinanders?

Hierbei kommt es auf das richtige Maß an. Wer diese Gratwanderung beherrscht, erfüllt eine Voraussetzung auf dem Weg zum Traumberuf. Ein sehr ausgeprägtes Auftreten fällt im Bewerbungsgespräch auf, wenn es z.B. übertrieben affektiert ist.

Ausdrucksvermögen

Bewerber, die sich gewählt ausdrücken können, sind im Vorteil. Plumpe, saloppe Äußerungen oder abfällige Bemerkungen (z.B. über frühere Arbeitgeber) haben sowohl im Bewerbungsgespräch als auch später an Bord nichts zu suchen. Hierzu zählen auch Kraftausdrücke.

- Sprechen Sie ein gut verständliches Deutsch?
- Ist Ihre Sprachmodulation durchgängig freundlich?
- Können Sie sich gewählt und diplomatisch ausdrücken?
- Wählen Sie eine angemessen distanzierte Sprache?
- Sprechen Sie in ganzen Sätzen?

Reife

Die Ausprägung einer gewissen Reife ist unerlässlich im Umgang mit dem Kunden. Kindliches Verhalten, unsicheres Auftreten und Hilflosigkeit sind Eigenschaften, die beim welterfahrenen Passagier keinen Platz haben.

Flugbegleiter sollen Sicherheit und Souveränität ausstrahlen und ihre Stellung vor dem Passagier vertreten können. Auch in schwierigen Situationen dürfen Flugbegleiter nicht den Kopf verlieren.

Ein Zeichen für Reife ist auch, ein gutes Gefühl für Distanz zu haben. Zu große Distanz zum Passagier (unnahbar wirken) ist genauso unerwünscht wie eine zu kleine (gleich das „Du“ anbieten). Auf das richtige Maß kommt es an, auch wenn der Arbeitsraum – nämlich das beengte Flugzeug – das natürliche Distanzverhalten erschwert.

Ein gewisses unreifes Verhalten ist gerade bei jungen Bewerbern noch erklärbar, weil diese noch nicht über die nötige Lebenserfahrung verfügen können. Das kann ein paar Jahre später schon wieder ganz anders aussehen. Nutzen Sie die Zeit bis zur späteren Bewerbung (falls es mit der ersten Bewerbung nicht klappt), um weitere Lebens- und Berufserfahrung, vor allem im Dienstleistungsbereich, zu sammeln. Die Erfahrung im Umgang mit vielen unterschiedlichen Menschen wird Ihnen später an Bord sehr behilflich sein.

> Sie werden beim persönlichen Gespräch gefragt, was Sie tun würden, wenn Sie von einem Gast an Bord zu einem Drink eingeladen werden. Eine Antwort wie „Ich würde ihm eine Ohrfeige geben! Dann würde ich zum Purser gehen, mich über den Gast beschweren und ich würde diesen Gast nicht mehr beachten!“ macht keinen sehr reifen Eindruck.
>
> Aussagen, die zahlreich mit „naja“, „ich weiß nicht“, „oder so“ oder „vielleicht“ ausgeschmückt sind, werden vom Zuhörer als unsicher empfunden, ebenso unkontrolliertes Kichern oder die häufige Verwendung von „würden“ oder „könnten“.

- Erkennen Sie, welche Distanz nötig ist, und können diese umsetzen?
- Können Sie persönliche Abneigungen zurückstecken?
- Kann Sie nichts so schnell aus der Ruhe bringen, auch wenn Sie sich persönlich angegriffen fühlen?
- Haben Sie Ihre Launen im Griff?

Belastbarkeit

Als Flugbegleiter muss man sehr belastbar sein. Sie stehen stets unter Beobachtung und müssen immer aufmerksam sein. Eine hohe Verantwortung kommt hinzu. Stressige Situationen können jederzeit auftreten. Den Großteil dieser Situationen sollten Sie alleine lösen; der Ruf nach dem Purser oder ein Tränenausbruch sollte die Ausnahme bleiben, auch wenn es sich nicht immer vermeiden lässt.

Die Fähigkeit, nach Dienstschluss rasch abschalten zu können, ist viel wert. Schade wäre es, wenn Sie sich nach Dienstschluss noch stunden- oder tagelang über das unfaire Verhalten des Pursers, über die verbalen Attacken eines Passagiers oder über einen sonstigen unschönen Vorfall an Bord Gedanken machen.

Eine gute Belastbarkeit ist vor allem in Ihrem eigenen Interesse, wenn Sie sich in Ihrem Job wohl und leistungsfähig fühlen möchten.

Eine „dicke Haut" sollte nicht mit überheblicher Lässigkeit oder Gleichgültigkeit verwechselt werden.

> Ein Bewerber erzählt überzeugend, dass er neben seiner derzeitigen Vollzeittätigkeit regelmäßig 2x in der Woche abends in einem Bistro bedient, und außerdem noch samstags einen weiterqualifizierenden Kurs besucht. Dieser Bewerber macht einen belastbaren Eindruck.
>
> Ein Bewerber, der extrem nervös ist und kaum einen vernünftigen Satz herausbringt, wirkt weniger belastbar.

> Ebenso wenig belastbar scheint ein Bewerber, der sich über die vielen Überstunden beim jetzigen Arbeitgeber beklagt – auch wenn die Klage gerechtfertigt ist.

- Behalten Sie Ihr Lächeln auch nach einem anstrengenden Tag?
- Lassen Sie sich auch nach persönlichen Verunglimpfungen nicht aus der Ruhe bringen?
- Haben Sie eine positive Einstellung zur Arbeit?
- Können Sie nach Feierabend gut abschalten?

Serviceorientierung

Die Bereitschaft zur Dienstleistung sollte im hohen Maß vorhanden sein. Diese Serviceorientierung und die Freude am Umgang mit Menschen wird in fast jeder Stellenanzeige besonders hervorgehoben.

Neben der Einhaltung der Sicherheitsvorschriften ist der Service Ihre Hauptaufgabe an Bord. Der Umfang und die Güte des Services geben beim Kunden oft den Ausschlag über die Kaufentscheidung.

Eine gute Dienstleistung bedeutet, die Wünsche des Passagiers zu erkennen, noch bevor er sie ausgesprochen hat, und nach Möglichkeit zu erfüllen, den Blickkontakt zu halten und zu signalisieren, ansprechbar zu sein. Der Gast soll das Gefühl bekommen, willkommen zu sein.

Dienstleistungsbereitschaft beinhaltet auch, Problemsituationen nicht auszuweichen, sondern sich diesen offen zu stellen, und eine diplomatische Lösung herbeizuführen.

Fühlen Sie sich einmal nicht gut, müssen Sie in der Lage sein, Ihr eigenes Befinden während des Dienstes zurückstecken zu können. Sie dürfen jederzeit mit heruntergezogenen Mundwinkeln zur Arbeit kommen. Sobald die Gäste an Bord kommen, müssen die Mundwinkel die Schwerkraft überwinden. Ein freundliches Lächeln ist immer viel wert.

Idealerweise verfügen Sie bereits über Erfahrung im klassischen Servicebereich (z.B. Restaurant, Hotel). Das erhöht Ihre Chancen.

Ein beliebtes Thema bei einer eventuellen Gruppendiskussion ist der Servicebereich (z.B. „Servicewüste Deutschland", „Einkaufen bei Tante Emma oder im Supermarkt?").

Während des persönlichen Gesprächs wird festgestellt, welchen Raum der Servicegedanke bei Ihrer Berufswahl einnimmt. Durch gezielte Fragen wird festgestellt, wie intensiv Sie sich damit auseinandergesetzt haben (z.B. „Warum macht Ihnen Service Spaß?", „Was halten Sie von der Äußerung ‚fliegender Kellner'?").

Darüber hinaus wird Ihre Serviceorientierung während des gesamten Auswahltages beobachtet, z.B. Ihr Umgang mit den anderen Bewerbern.

- Macht es Ihnen Freude, Menschen zu helfen und zu „dienen"?
- Sind Sie hilfsbereit und können aktiv auf Kunden zugehen?
- Haben Sie eine positive Einstellung zu Menschen?
- Sind Sie in der Lage, Kundenwünsche zu erkennen?
- Laufen Sie auch Umwege, um den Kundenwunsch zu erfüllen?
- Erfüllen Sie Ihren Job, auch wenn Sie privaten Stress haben?

<u>Flexibilität</u>

Für den Beruf des Flugbegleiters müssen Sie in jeder Hinsicht sehr flexibel sein. Wer Planungssicherheit mag, der ist mit dem Beruf als Flugbegleiter nicht gut beraten.

So müssen Sie sich jeden Monat auf einen neuen Dienstplan einstellen. Dienstplanänderungen während des laufenden Monats sind keine Seltenheit. Durch spontane Verspätungen, gestrichene Flüge oder das witterungsbedingte Ausweichen auf andere Flughäfen wird Ihre erwartete Rückkehr nach hinten verschoben. Sie benötigen hierfür die bedingungslose Unterstützung und viel Verständnis von Ihrem Partner oder sonstigen Bezugspersonen, vor allem von einer eventuellen

Kinderbetreuung. Nur wenn Sie sich 100%ig darauf verlassen können, haben Sie auch ein gutes Gefühl beim Fliegen.

Während des Auswahltages wird Ihre Flexibilität beurteilt, sofern dies möglich ist. Bewerber mit Familie oder anderen Verpflichtungen (z.B. Studium, Verein) werden dabei genauer unter die Lupe genommen.

Zur Flexibilität gehört die telefonische Erreichbarkeit und die Gewährleistung einer gewissen Mobilität (Führerschein und ein verfügbares Auto, insbesondere gilt dies für die Zeit der Rufbereitschaft).

Folgende Bewerberfragen könnten Zweifel an der Flexibilität aufkommen lassen:

> „Von wie viel Uhr bis wie viel Uhr geht die Schulung?"
>
> „Wie oft übernachte ich im Monat auswärts?"
>
> „Ist es möglich, für Klausuren frei zu bekommen?"
>
> „Der Kindergarten meines Kindes öffnet um 7.30 Uhr. Ist es möglich, erst danach zum Dienst eingesetzt zu werden?"

Diese Fragen mögen für Sie von berechtigtem Interesse sein, oder vielleicht wollten Sie ganz ohne Hintergedanken Wissbegierde demonstrieren. Jedoch überlegt sich das Airline-Personal, was hinter solchen Fragen stecken könnte und ob die volle Flexibilität im Job später gewährleistet sein wird.

- Können Sie mit spontanen Dienstplanänderungen leben?
- Gehört Spontaneität zu Ihren persönlichen Eigenschaften?

<u>Regelorientierung</u>

Flugbegleiter müssen eine ausgeprägte Regelorientierung mitbringen, das bedeutet, dass er sich vielen Regeln und Vorschriften (z.B. Rauchverbot an Bord, Mitnahmeregelung von Getränken von Bord, Kleider- und Uniformordnung, Beförderungsrichtlinien von unbekannten Post-

und Gepäckstücken, Alkoholverbot vor Dienstantritt) strikt unterordnen muss, um einen reibungslosen Ablauf im Flugbetrieb zu gewährleisten – andernfalls kann es im schlimmsten Fall den Job kosten. Alleingänge und Individualismus sind nur in sehr begrenztem Umfang möglich.

Ein „Revoluzzer" („ich lasse mir nichts sagen!"), der gerne eine eigene Meinung hat und diese ungeachtet aller Regeln zum Ausdruck bringt, sollte sich eher in einem anderen Bereich bewerben. Er würde als Flugbegleiter nicht glücklich werden.

Verbesserungsvorschläge sind bei den Airlines im Rahmen des Ideenmanagements selbstverständlich willkommen, sollten aber nicht ohne Rücksprache umgesetzt werden.

Hier einige Beispiele, wie Sie schon beim Auswahltag Ihre Regelorientierung unter Beweis stellen können:

> Sie sollten kein Piercing tragen, besonders dann nicht, wenn Sie im Vorfeld Ihrer Bewerbung darauf hingewiesen wurden. Ausgefallene Frisuren sollten Sie ebenfalls vermeiden.
>
> Nach den Pausen sollten Sie sich pünktlich wieder einfinden.
>
> Bei Rollenspielen sollten Sie im realistischen Rahmen bleiben. Bieten Sie einem unzufriedenen Gast aus der Economy Class nicht gleich einen Platz in der First Class an, um ihn zu beruhigen. Ein Piccolo Champagner ist angemessener.

- Fällt es Ihnen leicht, sich Reglements unterzuordnen?
- Können Sie eine Ihnen zugewiesene Rolle leicht annehmen?

Lösungsorientierung

Ein Passagierproblem sollte der Flugbegleiter nicht einfach nur zur Kenntnis nehmen und des Weges ziehen, sondern er soll dem Gast helfen, das Problem zu lösen. Es kommt letztendlich nicht in erster Linie darauf an, ob eine Lösung gefunden wird. Manchmal kann es keine Lösung geben. Wichtig ist das Bemühen, eine Lösung im

Rahmen Ihrer Kompetenzen zu finden, und dabei eine gewisse geistige Flexibilität unter Beweis zu stellen. Regeln dürfen dabei nicht verletzt werden. Eine gesunde Portion Einfühlungsvermögen, um auch die Sichtweise des Passagiers zu erkennen und zu verstehen, ist hier von Vorteil.

Die Ausprägung Ihrer Lösungsorientierung kann z.B. im Rollenspiel und bei der Gruppenübung erkannt werden.

- Sind Sie bemüht, eine Lösung zu finden, auch wenn die Situation ausweglos erscheint?
- Machen Sie für die Umsetzung von Lösungen auch Umwege?
- Macht es Ihnen Spaß, über Lösungen nachzudenken?
- Können Sie zupacken, wenn es darauf ankommt?

Teamfähigkeit

Sie arbeiten an Bord fast immer im Team und sind bei Ihrer Arbeit nie alleine. Zusammen bedienen Sie die Kunden. Jeder im Team muss das Beste geben, um das Ziel, nämlich zufriedene Gäste, zu erreichen.

Stets sollten Sie für die Belange der Kollegen ansprechbar sein. Wenn zwei Kollegen mit dem Service durch sind, sollten die beiden ohne Aufforderung den anderen Kollegen zur Hand gehen. Hilfsbereitschaft und gegenseitige Unterstützung werden an Bord groß geschrieben.

Da Teamarbeit so wichtig ist, wird im Auswahlverfahren sehr auf Teamfähigkeit geachtet. Diese wird besonders während der Gruppenübung beobachtet. Bewerber, die dabei für sich alleine arbeiten oder die ganze Arbeit an sich reißen wollen, fallen sofort auf.

Es wird nicht nur auf den Grad der Beteiligung geachtet, sondern auch auf den Inhalt. Wenige, qualitativ gute, besonnene Beiträge, die die Übung jedoch stark voranbringen, werden positiver gewertet, als viele, inhaltsleere Kommentare.

Da Sie sich während des gesamten Auswahltages in einer Bewerbergruppe befinden, wird Ihre Rolle innerhalb der Gruppe zwangsläufig auffallen. Sondern Sie sich ab, oder versuchen Sie, eine Ellbogenmentalität zu entwickeln, wirft dies ein ungünstiges Licht auf Ihre Teamfähigkeit.

- Haben Sie Freude daran, aktiv im Team zu arbeiten?
- Teilen Sie gerne Ihre Freude über erreichte Ziele mit denen, die daran mitgeholfen haben?
- Können Sie Lob und Kritik innerhalb der Gruppe genauso verteilen, wie Sie einstecken können?

Diplomatie

Ein glückliches, feinfühliges Händchen für geschicktes Taktieren sollte zu Ihren Eigenschaften gehören. Dass Sie über ein gutes, diplomatisches Geschick verfügen, können Sie während des ganzen Auswahltages unter Beweis stellen.

- Haben Sie die Gabe, spontan die richtigen Worte in einer schwierigen Situation zu finden, ohne verbal zu verletzen?
- Erreichen Sie Ihre Ziele, ohne andere zu verärgern?
- Können Sie Ihre unverblümte Meinung zurückhalten?

Kontaktfreudigkeit

Sie dürfen keine Angst vor Kontakten und Kommunikation haben. Es kommt nicht nur darauf an, passiv auf Kundenwünsche zu reagieren, sondern auch aktiv auf Kunden zuzugehen. Sie sollten Freude am Kontakt haben.

Die Umsetzung ist eine Frage des Maßes und muss Hand in Hand mit einem guten Gefühl für Distanz gehen.

Ihre Kontaktfähigkeit und -freude kann bereits sehr gut während eines Telefoninterviews beurteilt werden und wird während des gesamten Auswahltages beobachtet.

Indizien für eine mangelnde Kontaktfähigkeit sind z.B.

> einsilbige, kurz angebundene Antworten in halben Sätzen,
>
> Kopf schütteln (statt „nein") oder nicken (statt „ja"), ein Schulterzucken (statt „ich weiß nicht"), eine hochgezogene Augenbraue (statt „Ich habe die Frage nicht verstanden. Können Sie diese bitte noch einmal wiederholen?"),
>
> vor der Brust verschränkte Arme (signalisiert: „An mich kommt ihr nicht ran!").

✈ Haben Sie Freude am Kontakt mit Menschen?

✈ Gehen Sie offen auf Menschen zu, die Sie nicht kennen?

<u>Verantwortungsbewusstsein</u>

Ein Flugbegleiter muss sich seiner Verantwortung bewusst sein, und auch bereit sein, diese zu übernehmen. Er muss für alle Entscheidungen und Handlungen, die er tätigt, gerade stehen. Dies setzt voraus, dass er sich mit den Hintergründen gewissenhaft vertraut macht und sich zuverlässig damit auseinander setzt.

Ein verantwortungsbewusstes, zuverlässiges Verhalten erkennt man zwischen den Zeilen.

> Wenn Sie beiläufig erwähnen „Ich habe bei meiner Firma krank gemacht, um heute hier sein zu können!", wird Ihnen nicht etwa Zivilcourage unterstellt, sondern eher mangelndes Verantwortungsbewusstsein und fehlende Loyalität Ihrem derzeitigen Arbeitgeber gegenüber. Eine solche Aussage könnte bereits zur Absage führen!

- Übernehmen Sie gerne Verantwortung? Auch für gemeinsame Entscheidungen?
- Sind Sie zuverlässig?
- Nehmen Sie Umwege in Kauf, um Ihrer Verantwortung gerecht zu werden?

Selbstdisziplin / Selbstorganisation

Eine gute eigene Organisation und Disziplin ist gefragt. Pünktlichkeit und Zuverlässigkeit sind von entscheidender Wichtigkeit. So müssen Sie z.B. pünktlich zum Briefing (Besprechung vor dem Flug) erscheinen und den ganzen „Papierkram“ vor und nach dem Flug sorgfältig, gewissenhaft und pünktlich erledigen.

Gewisse Vorfälle am Auswahltag lassen Rückschlüsse auf die Selbstorganisation / Selbstdisziplin schließen:

> Sie haben ein wichtiges Dokument nicht mitgebracht, weil Sie es entweder vergessen oder am Morgen auf die Schnelle nicht gefunden haben.
>
> Sie sind völlig verspätet eingetroffen, obwohl Sie nur fünf S-Bahn-Stationen entfernt wohnen.
>
> Wenn Sie auf die Frage nach Ihren Schwächen „Unpünktlichkeit“ antworten, ist zumindest Ihre Ehrlichkeit löblich.

- Können Sie auch mal „Nein“ sagen?
- Können Sie Prioritäten richtig setzen?
- Macht es Ihnen Spaß, sich selbst zu organisieren?

Ihr Lebenslauf

Der Lebenslauf spielt bei der Vorauswahl eine wichtige Rolle. Mittels Ihrer Bewerbungsunterlagen kann sich das Airline-Personal neben der Überprüfung der Hard Facts einen groben Überblick über Ihre Qualifikationen verschaffen. Über Ihre Soft Skills kann der Inhalt Ihrer Zeugnisse Aufschluss geben. (Mehr zum Thema Lebenslauf im Kapitel „Die schriftliche Bewerbung, Der Lebenslauf")

Schulbildung

Viele Airlines setzen mindestens die Mittlere Reife als Schulabschluss voraus. Wenn Sie „nur" einen Hauptschulabschluss haben, ist eine Bewerbung dennoch nicht aussichtslos, wenn Sie eine dienstleistungsorientierte Ausbildung abgeschlossen haben, und/oder über einschlägige Erfahrungen im Dienstleistungsbereich verfügen.

Ein höherwertiger Abschluss (z.B. Abitur) steht einer erfolgreichen Bewerbung nicht entgegen.

Ein bestimmter Notendurchschnitt wird nicht verlangt. Sehr gute, gute und befriedigende Noten unterstützen jedoch manch schwankende Beurteilung. Wichtiger als Schulnoten sind Ihre Berufs- und Serviceerfahrungen, und natürlich Ihr persönliches Auftreten. Fehlende Berufserfahrung wird eher zur Absage führen als eventuell schlechte Schulnoten.

Wehr-/Zivildienst

Männliche Bewerber sollten im Lebenslauf (freiwillig) zusätzlich folgende Angaben machen:

- ✓ Wurde der Wehr-/Zivildienst bereits abgeleistet?
- ✓ Liegt ggf. ein Einberufungs- oder Musterungsbescheid bereits vor?
- ✓ Bei Zurückstellung/Ausmusterung können Sie freiwillig mitteilen, aus welchem Grund dies erfolgte. Eine Untauglichkeit bei der Musterung legt auch die Vermutung der Fluguntauglichkeit nahe.

Ein noch nicht geleisteter Dienst ist für die meisten Airlines kein Hinderungsgrund für eine eventuelle Einstellung. Nachvollziehbar ist jedoch, dass eine Airline die Bewerbung eines männlichen Bewerbers zunächst zurückstellt, wenn schon absehbar ist, dass er unmittelbar nach der Schulung zum Wehrdienst eingezogen wird.

Ein bereits geleisteter Dienst ist aus Sicht der Airline vorteilhaft. Austrian Airlines setzt dies sogar im Anforderungsprofil explizit voraus.

Ausbildung

Ob man eine abgeschlossene Ausbildung für den Beruf des Flugbegleiters benötigt, ist vom Anforderungsprofil der Airline abhängig. Eine fehlende Ausbildung kann oftmals durch mehrjährige Erfahrung im Dienstleistungsbereich ausgeglichen werden.

Jedoch gilt es zu bedenken, dass eine abgeschlossene Ausbildung aus mehreren Gründen dennoch sinnvoll ist. Der Beruf des Flugbegleiters ist ein Anlernberuf, nicht gleichzusetzen mit einem Ausbildungsberuf. Wenn jemand ohne Ausbildung Flugbegleiter wird, bleibt er nach wie vor eine ungelernte Kraft. Vor allem, wenn man vorzeitig berufsunfähig wird, oder nach ein paar Jahren Tätigkeit als Flugbegleiter das Gefühl hat, jetzt sei damit genug, fällt der Einstieg in andere Bereiche des Berufslebens ohne abgeschlossene Berufsausbildung schwer. Eine Umschulung wird von der Agentur für Arbeit normalerweise nicht unterstützt, sofern keine Ausbildung vorher erfolgreich beendet wurde.

Eine abgeschlossene Ausbildung ist ein Zeichen von Weitblick.

Darüber hinaus sind junge Bewerber mit Berufsausbildung im Durchschnitt selbstbewusster, reifer und bodenständiger als Bewerber ohne Ausbildung, was ihnen in der Bewerbungssituation zugute kommt. Nur wenige Bewerber im Schulabgangsalter sind mit ihrer Bewerbung erfolgreich. Der häufigste Absagegrund ist mangelnde Reife.

Es gibt Ausbildungsberufe, die den Einstieg in den Beruf des Flugbegleiters erleichtern. Ausbildungsberufe im Dienstleistungsbereich sind als günstig zu bewerten, z.B. Servicekaufmann im Luftverkehr, Hotel- oder Restaurantfachmann, Hotelkaufmann, Einzelhandelskaufmann, Reiseverkehrskaufmann, Bankkaufmann, Krankenpfleger, Arzthelfer. Die beiden zuletzt aufgeführten Berufe haben den zusätzlichen Vorteil, dass man sich dabei auch noch medizinische Grundkenntnisse angeeignet hat, die an Bord immer willkommen sind.

Weniger günstige Ausbildungsberufe, dennoch nicht aussichtslos: z.B. handwerkliche Berufe, klassische Verwaltungsberufe mit wenig Kundenkontakt, industriell orientierte oder computerlastige Ausbildungen.

Unabhängig von der Ausbildung sind (Neben-)Tätigkeiten im Dienstleistungsbereich im weiteren Lebenslauf immer hilfreich.

Ausdrücklich zu betonen ist, dass ein dienstleistungsorientierter Ausbildungsberuf zwar die Chancen auf eine positive Vorauswahl erhöht, aber kein Garant dafür ist, tatsächlich ein Jobangebot als Flugbegleiter zu bekommen. Letztendlich entscheidet die Persönlichkeit!

Studium

Für die erfolgreiche Ausübung der Tätigkeit des Flugbegleiters braucht man z.B. Ausstrahlung, Persönlichkeit und eine überzeugende Einstellung zum Service. Dies sind Eigenschaften, die unabhängig von einem Studium erworben werden.

Ein Studium ist somit keine Voraussetzung und nicht der geradlinige Weg, aber auch nicht von Nachteil, wenn der Bewerber eine überzeugende Motivation und eine gute Dienstleistungserfahrung mitbringt. Studierte oder Studierende, die nebenbei als Messebetreuer oder als Servicekraft gearbeitet haben, positionieren sich somit besser als Bewerber, die außerhalb des Studiums über keinerlei Berufserfahrung verfügen.

Ein Flugbegleiter sollte ein gesundes Selbstbewusstsein mitbringen; der karriereorientierte, powervolle Akademiker könnte wiederum einen Tick zu viel davon haben und tendiert dazu, manchmal zu dominant aufzutreten. (Siehe auch Kapitel „Überqualifizierte Bewerber“)

Arbeitserfahrungen

Wenn Sie nach einer Ausbildung zum Hotelfachmann eine Weile arbeitslos waren und dann jahrelang am Fließband gearbeitet haben, ist dies trotz dienstleistungsorientierter Ausbildung keine günstige Voraussetzung für eine erfolgreiche Bewerbung.

Wenn Sie eine Ausbildung zum Schreiner absolviert haben, danach mehrere Jahre im engen Kundenkontakt mit guten Beurteilungen gearbeitet haben, stehen Ihre Chancen auf eine positive Vorauswahl gut.

Je mehr Serviceerfahrung (gerne bei verschiedenen Arbeitgebern; auch im Ausland oder auf einem Kreuzfahrtschiff erworbene Erfahrungen sind von Vorteil) Sie haben, desto eher erfüllen Sie die Voraussetzungen. Entscheidend ist jedoch der Gesamteindruck Ihres Lebenslaufes, um die erste Hürde zu nehmen.

Sollten Sie nach der Vorauswahl eingeladen werden, zählt beim Auswahltag hauptsächlich Ihre Persönlichkeit.

Auslandserfahrungen

Da ein Flugbegleiter ein gewisses interkulturelles Verständnis haben sollte, ist für eine Bewerbung ein nachgewiesener, längerer Auslandsaufenthalt von Vorteil, z.B. als Au-pair, Mitarbeiter bei Disney oder Steward auf einem Kreuzfahrtschiff.

Über Jobmöglichkeiten im Ausland informiert z.B. die Bundesagentur für Arbeit (www.ba-auslandsvermittlung.de).

Arbeitslosigkeit

Arbeitslosigkeit kann jederzeit vorkommen und ist keine Schande. Jedoch sollte sich dieser Zeitraum in einem vertretbaren Rahmen bewegen. Wenn dieser Rahmen überschritten wurde, fragen sich Airline-Mitarbeiter, warum ein gesunder Mensch mehrmals und über längere Zeiten hinweg arbeitslos war und ist. Ist der Bewerber zu faul zu arbeiten? Ist er nicht belastbar? Hat er einen schwierigen Charakter, weil er immer so schnell seine Arbeitsverhältnisse beendet hatte?
Eine Klärung dieser Fragen kann ggf. in einem persönlichen Gespräch erfolgen.

Sind Sie der künftige Flugbegleiter?

Sie haben nun vieles gelesen über den Beruf des Flugbegleiters. Sind Sie noch immer oder jetzt erst recht der Überzeugung, dass Flugbegleiter der richtige Beruf für Sie ist?

Lassen Sie sich nur bedingt von der Meinung Ihrer Familie oder Freunde („Da bist du doch nur ein Kellner!“) beeinflussen, wenn Ihr ganzes Herz an diesem Job hängt. Nehmen Sie jedoch berechtigte Einwände ernst („Mach‘ doch erst eine Ausbildung, bevor du als Flugbegleiter beginnst!“). Wägen Sie zwischen emotional beeinflussten Einwänden und vernünftigen Ratschlägen ab.

Für diejenigen, die nicht an einem harten Kriterium scheitern und die die Soft Skills beherrschen, gilt nun das alte Sprichwort:

Wer nicht wagt, der nicht gewinnt.

Sie glauben, Sie schaffen die Auswahl nicht?

Was wäre, wenn Sie Ihre eigenen Fähigkeiten unterschätzen, jedoch gute Qualifikationen mitbringen? Wäre es dann nicht schade, wenn Sie sich nicht bewerben? Haben Sie Selbstvertrauen!

Wie erhöhen Sie die Chancen auf eine positive Auswahl?

Ohne den Einzelfall beurteilen zu können, ist an dieser Stelle eine allgemeingültige Aussage schwierig. Sie haben gute Chancen, wenn Sie alle Kriterien erfüllen und Ihre Bewerbung nicht an einem Hard Fact scheitert.

Falls Sie ein (Soft Skill-)Kriterium Ihrer Meinung nach noch nicht ganz erfüllen, liegt es alleine in Ihrer Macht und an Ihrem Willen, dieses Manko zu beheben und Sie müssen daran arbeiten, z.B.:

Durch die Wahl eines serviceorientierten Ausbildungsberufes erhöhen Sie Ihre Chancen. Praktika in diesen Berufen schon während der Schulzeit sind positiv zu bewerten.

Sie können einen Servicenebenjob annehmen, falls Sie keine Serviceerfahrung haben. So erfahren Sie auch, ob Ihnen Service überhaupt Spaß macht.

Mangelnde Reife wird durch Lebenserfahrung oft automatisch behoben. Haben Sie in diesem Fall Geduld mit sich – bewerben Sie sich zwei oder drei Jahre später noch einmal.

Sie können Ihre Englischkenntnisse weiter verbessern, um mehr Selbstsicherheit zu bekommen.

Eine Farb- und Stilberatung kann helfen, mehr aus dem Typ herauszuholen.

Wenn Sie das geforderte Körpergewicht überschreiten, liegt es in Ihrer Hand, Ihr Gewicht nachhaltig zu reduzieren.

Auf dubiose Methoden (lügen, Beschwerde beim Vorstand der Airline über die Auswahlmethoden einreichen, Schauspielstunden nehmen, usw.) sollten Sie verzichten – aber das versteht sich von selbst.

3 Das Bewerbungsverfahren

Der erste Schritt zum Beruf des Flugbegleiters ist die Bewerbung.

Informieren Sie sich vorher, ob Ihre Bewerbung bei der jeweiligen Airline derzeit überhaupt angenommen wird und wie Sie sich bewerben sollten. Sie verursachen sich selbst und der Airline zusätzliche, oftmals unnötige Arbeit, wenn Sie sich „falsch" bewerben.

Ein Hinweis für das gesamte Auswahlverfahren: Verwechseln Sie nicht Verbissenheit mit hoher Motivation. Versteifen Sie sich nicht auf eine Airline und auf den Beruf. Sie sollten immer eine für Sie zufriedenstellende Alternative im Kopf haben. Das nimmt viel Druck, wodurch Sie die Bewerbung etwas entspannter angehen können.

Initiativ-Bewerbungen

Unverlangt eingesandte Bewerbungen, für die es keinen aktuellen Bedarf gibt, gehen oftmals angesichts der Bewerbungsfluten unter. Die Bearbeitung bindet bei der Airline viel Arbeitszeit und ist damit kostenintensiv.

Bewerben Sie sich deshalb nur, wenn Sie durch die Airline ermutigt werden, sich zu bewerben.

Bewerben Sie sich nicht, falls Sie gebeten werden, von einer Bewerbung Abstand zu nehmen. Aktuelle Informationen zur Annahme von Bewerbungen finden Sie häufig im Internet.

Manche Airlines senden Initiativ-Bewerbungen grundsätzlich nicht zurück oder nur, wenn ein frankierter Rückumschlag beiliegt.

Bitte sehen Sie davon ab, Ihre Bewerbungsunterlagen in einem Reisebüro oder bei einer anderen Ihnen bekannten Stelle abzugeben, mit der Bitte um Weiterleitung. Auf diesem Weg sind schon einige Bewerbungsunterlagen spurlos verschwunden.

Mehrere, parallele Bewerbungen innerhalb eines Konzerns (z.B. bei Lufthansa/CityLine/Condor oder bei Germanwings/Eurowings) sind möglich, hierfür ist jedoch ein faires, offenes Bewerberverhalten notwendig. Antworten Sie ehrlich auf die Frage, ob Sie sich auch anderweitig im Konzern beworben haben. Eine Doppelbewerbung bringt Ihnen normalerweise keine Nachteile.

Bewerbung auf Warteliste

Manchmal nehmen Airlines Bewerbungen auf Warteliste entgegen. Sie sammeln vielversprechende Bewerbungen über einen längeren Zeitraum hinweg, ohne genau zu wissen, wann wieder Einstellungsbedarf gegeben sein wird, jedoch in der Hoffnung, dass dies bald geschehen möge.

Findet ein weiterer Flugbegleiterlehrgang statt, kann die Airline aufgrund der Warteliste schnell reagieren. So kann es vorkommen, dass der Bewerber monatelang nichts von der Airline gehört hat, und dann kommt plötzlich ein Anruf, und alles geht ganz schnell.

Eine Warteliste kann geführt werden sowohl mit Bewerbern, die den ersten Schritt im Auswahlverfahren (z.B. nach dem Telefoninterview: Warten auf den Auswahltag) geschafft haben, als auch mit Lehrgangsanwärtern, die das Auswahlverfahren bereits komplett positiv durchlaufen haben und auf einen Schulungsplatz warten. Das ist oft der Fall, wenn ein Bewerber an einem Flughafen stationiert werden möchte, an dem kein aktueller Bedarf besteht.

Auf der Warteliste zu stehen ist eine unglückliche Situation für den Bewerber und für die Airline. Der Bewerber ist stets im Ungewissen, ob und wann es weitergeht. Häufige, zum Teil ungeduldige und frustrierte Anrufe, um sich nach dem aktuellen Stand der Dinge zu erkundigen, gehören zum Wartelistenalltag.

Die Airline muss einen Stapel Bewerbungen verwalten und sich bemühen, die Bewerber stets auf dem Laufenden zu halten. Umfasst die Warteliste mehrere hundert Bewerbungen, ist dies kein leichtes Unterfangen. Eine Warteliste ist kosten- und zeitintensiv. Bitte haben Sie Verständnis, wenn eine Airline deshalb darauf verzichtet, eine Warteliste zu führen.

Die Stellenanzeige

Am besten ist, Sie bewerben sich auf eine konkrete Anzeige hin. Dort finden Sie dann nicht nur das derzeit aktuelle Anforderungsprofil, sondern auch, auf welchem Weg Sie sich bewerben können.

Bewerben Sie sich so, wie es die Airline erwartet.

Die Anzeigen finden Sie in erster Linie im Internet auf der Homepage der jeweiligen Fluggesellschaft. Werfen Sie einen regelmäßigen Blick auf deren Homepage! Bei einem größerem Einstellungsbedarf werden auch Anzeigen in den Printmedien oder in Internet-Anzeigen-Börsen (z.B. www.jobscout24.de) veröffentlicht.

Die meisten Airlines erwarten noch immer die klassischen, schriftlichen Bewerbungsunterlagen mit Pass- und Ganzkörperfoto.

Immer mehr Airlines gehen andere Wege und nutzen die neuen Medien, was der Trend der Zukunft sein wird. Die Bewerbung bei Lufthansa geht z.B. nur über ein Online-Bewerbungsverfahren, die Bewerbung bei Hamburg International wird ausschließlich per Email akzeptiert.

Nach einer Stellenanzeige gehen sehr viele Bewerbungen ein. Haben Sie Verständnis, wenn eine Antwort einige Tage auf sich warten lässt.

Zeitpunkt der Bewerbung

Sie können damit rechnen, dass zwischen zwei und sechs Monate ab dem Zeitpunkt Ihrer Bewerbung vergehen werden, bevor Sie als Flugbegleiter anfangen können. Mit etwas Glück geht es schneller, manchmal dauert es auch länger.

Eine verbindliche Aussage zu treffen, zu welcher Jahreszeit bei den Airlines der größte Einstellungsbedarf besteht, ist nicht möglich. Tendenziell finden viele Lehrgänge im Frühjahr statt, damit im Sommer eine höhere Flugfrequenz infolge der Urlaubszeit abgedeckt werden kann. Es finden normalerweise das ganze Jahr über bei irgendeiner Airline Schulungen statt.

Die schriftliche Bewerbung

Die Airline muss auf den ersten und zweiten Blick erkennen, dass Sie der ideale Flugbegleiter für die Airline sind.

Ihre schriftliche Bewerbung ist Ihr Repräsentant bei der Airline. Ist die Unterlage ordentlich, sauber und gewissenhaft zusammengestellt, lässt dies auch Rückschlüsse auf Sie und Ihre Arbeitsweise zu.

Die Bewerbungsmappe

Besonders wichtig ist der Zustand der Bewerbungsunterlagen. Eine lose Blattsammlung, die mit einer Büroklammer zusammengehalten wird, macht keinen guten Eindruck. Zudem laufen Sie Gefahr, dass die Büroklammer in einem Stapel Bewerbungen leicht abgeht, und sich die Blätter verselbständigen.

Zu empfehlen ist eine Bewerbungsmappe, die nur einmal aufgeschlagen werden muss, um an den Kern der Bewerbung zu gelangen. Hochkomplizierte Bewerbungsmappen, die zwei Deckklappen haben, sehen vielleicht schön aus, sind aber für die Mitarbeiter der Airline eher unpraktisch.

Von Vorteil ist es, wenn die Airline-Mitarbeiter der Bewerbungsmappe schon von außen ansehen können, von wem die Bewerbung ist. Der Name auf der Mappe oder ein durchsichtiger Mappendeckel ist ratsam.

Achten Sie auch darauf, dass die Mappe nicht abgegriffen aussieht, und entfernen Sie das Preisschild vor dem Versenden.

Das Anschreiben

Vergessen Sie nicht, auf dem Anschreiben Ihre Adresse und Kontaktdaten zu vermerken. Geben Sie auch Ihre Telefonnummern (Festnetz und Mobil) an. Es kommt vor, dass die Mitarbeiter zurückrufen möchten, entweder um einen Termin abzusprechen oder um ein Telefoninterview mit Ihnen zu führen.

Die Entscheidung über eine Einstellung zum Flugbegleiter wird selten von einer Person alleine getroffen. Auch wenn Sie einen bestimmten Ansprechpartner bei der Airline haben, wenden Sie sich bei Ihrer Anrede auch an alle anderen Mitarbeiter, die im Hintergrund arbeiten: „Sehr geehrte Frau Müller, sehr geehrte Damen und Herren, ...“.

Eine weitere Grundregel ist, dass Sie ein fehlerfreies Anschreiben verfassen. Lassen Sie eine elektronische Rechtschreibprüfung über Ihr Anschreiben laufen oder geben Sie das Schreiben einer rechtschreibsicheren Person aus Ihrem Bekanntenkreis zur Kontrolle. Damit können Sie eine Bewerbung zum „Kabinenpersonal“ (anstatt für das „Kabienenpersonal“) souverän platzieren.

Versuchen Sie, Sachverhalte positiv zu formulieren. Statt: „Ich fühle mich unwohl bei meiner derzeitigen Arbeitsstelle“, schreiben Sie lieber: „Nach langjähriger, wertvoller Berufserfahrung bei meinem derzeitigen Arbeitgeber freue ich mich auf neue Herausforderungen“. Schreiben Sie „arbeitssuchend“ statt „arbeitslos“.

Geraten Sie nicht in eine Rechtfertigungsschiene, z.B. versuchen Sie nicht umständlich zu erklären, warum ein bestimmtes Zeugnis fehlt. Entschuldigen Sie sich stattdessen für diesen Umstand, und versichern Sie, das Zeugnis baldmöglichst nachzureichen, sofern dies im Bereich des Realistischen ist.

Es ist üblich, das Anschreiben mit dem Computer oder mit der Schreibmaschine zu schreiben.

Kleben Sie Ihr Passfoto nicht auf das Anschreiben.

Der Inhalt des Anschreibens

Der Inhalt des Schreibens sollte folgende Fragen beantworten:

- Warum bewerben Sie sich als Flugbegleiter?
- Warum bei dieser Firma?
- Warum sind Sie der geeignete Kandidat?
- Welche besonderen Qualifikationen / Eigenschaften haben Sie?

Es sollten auch einige praktische Dinge erläutert werden.

- ✓ Falls sich ihr Wohnort nicht in der Nähe des Einsatzflughafens befindet: Wären Sie auch bereit umzuziehen? Signalisieren Sie gegebenenfalls Ihre Umzugsbereitschaft! Teilen Sie der Airline die Stationierungsorte mit, die für Sie im Bereich des Möglichen liegen.
- ✓ Räumen Sie mit knappen Worten eventuelle Bedenken, die die Airline bzgl. Ihrer Bewerbung haben könnte, aus dem Weg.
- ✓ Teilen Sie Ihren frühestmöglichen Eintrittstermin mit, ggf. die Kündigungsfrist bei Ihrem derzeitigen Arbeitgeber.

Orientieren Sie sich bei Ihrem Anschreiben auch an dem spezifischen Anforderungsprofil der Airline.

Erklären Sie sich bereit, für weitere Rückfragen zur Verfügung zu stehen.

Versichern Sie der Airline, dass Sie sich über eine Einladung freuen.

Vergessen Sie nicht, die Bewerbung zu unterschreiben.

Das Anschreiben sollte nicht mehr als eine Seite umfassen.

Denken Sie daran, dass Sie sich für den Serviceberuf Flugbegleiter bewerben, und nicht für ein Trainee-Programm nach einem erfolgreichem Hochschulstudium. Eine gewisse Bodenständigkeit sollte sich in diesem Schreiben widerspiegeln.

Der Lebenslauf

Den Lebenslauf schreibt man heute nicht mehr per Hand. Es genügt, wenn Sie diesen unterschreiben.

Ein tabellarischer Lebenslauf ist empfehlenswert und übersichtlicher als ein Fließtext.

Versuchen Sie, die wichtigsten Eckdaten Ihres Werdegangs auf möglichst einer Seite zusammenzufassen und Ihren Lebenslauf nahtlos darzulegen, idealerweise mittels Zeugnisse im Anhang zu belegen. Ob Sie am Ende auch Ihre Hobbies erwähnen, bleibt Ihnen überlassen.

Bitte machen Sie klare und übersichtliche Angaben zu folgenden Punkten:

- ✓ Ihr voller Name, ggf. mit Geburtsname, andere frühere Namen
- ✓ Ihre Anschrift und Kontaktdaten (Telefon, Email)
- ✓ Familienstand, Anzahl und Alter der Kinder, die Sie zu versorgen haben.
- ✓ Körpergröße (ohne Schuhe) und Gewicht, Konfektionsgröße
- ✓ Anzahl Dioptrien rechtes und linkes Auge
- ✓ Staatsangehörigkeit
- ✓ ggf. Angaben über eine Arbeits-/Aufenthaltserlaubnis
- ✓ Sprachkenntnisse und deren Ausprägung (mit genauen Angaben über einen eventuellen Auslandsaufenthalt)
- ✓ Führerschein (vorhanden? Welche Klassen?), Auto verfügbar?
- ✓ Schwimmen (Fähigkeit vorhanden?)
- ✓ bei männlichen Bewerbern: Wurde der Wehr-/Zivildienst bereits abgeleistet? Falls nicht, wann steht dieser voraussichtlich an?

Machen Sie diese Angaben bitte in jedem Fall, auch wenn z.B. Schwimmen nicht im Anforderungsprofil aufgeführt ist oder bei Ihnen keine Fehlsichtigkeit vorliegt. Angaben über eine eventuelle körperliche Behinderung oder sonstige (chronische) Krankheiten (besonders im Hinblick auf eine mögliche Fluguntauglichkeit) sind sinnvoll, aber freiwillig.

Darüber hinaus das Übliche: Schulabschluss, Ausbildung, Praktika, Studium, berufliche Stationen, Nebenjobs, Auslandaufenthalte, ggf. derzeit ausgeführte ehrenamtliche Tätigkeiten, etc. – jeweils mit Monats- und Jahresangabe, Name von Schule/Arbeitgeber/Organisation, ggf. erreichter Abschluss.

Diese Angaben helfen dem Auswahlpersonal, eine gute, zügige Vorauswahl zu treffen. Das Weglassen von Informationen führt lediglich zu Verzögerungen im Bewerbungsprozess.

Erwähnen Sie alle servicerelevanten Tätigkeiten, die Sie im Laufe Ihres Lebens ausgeübt haben. Vermeiden Sie die detaillierte Aufzählung von Tätigkeiten/Erfahrungen, die weit vom Berufsbild des Flugbegleiters entfernt sind.

> Sehr detaillierte Auskünfte über die Scheine, die an der Universität während des Physikstudiums gemacht wurden, sind fehl am Platz. Ebenso wie die ausführliche Auflistung aller nebenbei besuchter Computerschulungen.

Die eben beispielhaft aufgeführten Qualifikationen sind nicht relevant und verschaffen Ihnen keinen Vorteil – im Gegenteil: Die Airline-Mitarbeiter könnten den Eindruck gewinnen, dass Sie sich nicht genügend mit den Inhalten des Berufs Flugbegleiter auseinandergesetzt haben.

Das Passfoto

Ein Bild spricht mehr als Tausend Worte. Da ist viel Wahres dran.

Bei kaum einem anderen Beruf ist die persönliche Erscheinung so wichtig wie bei dem Beruf des Flugbegleiters. Ein unglückliches Foto kann somit die ganze Hoffnung auf eine Einladung zunichte machen.

Versenden Sie ein nettes, freundliches Bild von Ihnen, mit dem Sie sich wohl fühlen und von dem Sie das Gefühl haben, dass es Ihren Typ widerspiegelt. Es soll ansprechend und gewinnend sein. Spricht dieses auch die Airline an, ist eine gute Basis geschaffen.

Ein Automatenbild kann ausreichend sein, sofern der Bewerber es wirklich versteht, sich in Szene zu setzen. Oftmals sind die Farben bei diesen Bildern sehr blass, wodurch der Fotografierte farblos, mitunter kränklich wirkt.

In den meisten Fällen ist sinnvoll, einen Studiofotografen mit dem Foto zu beauftragen.

Das Foto entscheidet oft mit, ob ein Bewerber eine Runde weiter kommt. Ein sichtbares Piercing, ungepflegte Haare, lange Haare bei Herren, oder ein hängender Mundwinkel können das sofortige Aus für Ihre Bewerbung bedeuten.

Das Passfoto kleben Sie am besten auf Ihren Lebenslauf, nicht auf das Anschreiben. Die Befestigung mit einer Büroklammer ist sehr instabil und führt oft zum Verlust des Bildes. Schreiben Sie in jedem Fall Ihren Namen auf die Rückseite der Fotos, welche Sie versenden.

<u>Das Ganzkörperfoto</u>

Die meisten Airlines (nicht alle!) benötigen ein Ganzkörperfoto, um eine Vorauswahl treffen zu können. Wichtig für die Airline ist es, auf diesem Bild zu erkennen, ob der Bewerber die Gewichtsverhältnisse grob einhält, und ob er eine passable Gesamterscheinung abgibt.

Einige wenige Airlines verlangen ein Ganzkörperfoto aus einem Studio, was jedoch einen stolzen Preis hat. Meistens genügt ein schönes Amateurfoto. Bitten Sie jemanden, ein paar Fotos von Ihnen zu machen, damit Sie dann das schönste aussuchen können.

Wenn eine Airline bestimmte Erwartungen an das Foto hat, sollten Sie sich daran halten. Dies ist ein erster Hinweis auf die Regelorientierung des Bewerbers.

> Erwartet eine Airline ein Studiofoto oder „Dame bitte im Rock“ sollten Sie dem entsprechen.

Hier noch ein paar Ratschläge für das Foto:

✓ Ein klassischer, dezent modischer Hosenanzug, ein Kostüm mit Bluse oder ein Kleid bei Damen. (Oftmals bevorzugen Airlines ein Bild von Damen im Kleid oder Rock, jeweils in Knielänge.)

✓ Empfehlenswert bei Herren ist ein Anzug oder eine Kombination.

- ✓ Sollten Sie ein solches Outfit nicht zur Hand haben, wird keiner etwas gegen eine gepflegte Bluse, Hemd, Rock (kein Minirock!) oder Hose einzuwenden haben.
- ✓ Vermeiden Sie folgende Kleidungsstücke: Minirock, Jeans, Sportkleidung, Negligee, Badebekleidung, Schlabberlook, altmodische Kleidung, Brautkleid, Smoking, festliche Abendkleider.
- ✓ Passende, saubere Schuhe verstehen sich von selbst.
- ✓ Damen sollten sich dezent und angemessen schminken.
- ✓ Mehr Tipps zum Outfit finden Sie im Kapitel „Die Einladung".
- ✓ Familienmitglieder, Freunde oder sonstige Menschen haben auf Ihrem Bewerbungsfoto nichts zu suchen.
- ✓ Benutzen Sie möglichst keinen Schnappschuss, auf dem Sie sich besonders nett getroffen fühlen, z.B. ein Urlaubsfoto, auf dem Sie braungebrannt und strahlend einen Cocktail in die Kamera halten oder auf dem Sie gerade auf dem Rücken eines Kamels sitzen. Diese Bilder sind für den Bewerbungszweck ungeeignet.
- ✓ Vermeiden Sie als Hintergrund unaufgeräumte Wohnzimmer, Badezimmer oder andere ungewöhnliche Aufenthaltsorte.
- ✓ Als Hintergrund eignet sich eine sehr gepflegte Ecke im Haus, der Garten oder ein Platz sonst irgendwo draußen in der Natur.
- ✓ Sedcards sind zwar hübsch anzusehen, aber für den Bewerbungszweck nicht angemessen.

Es geht nicht darum, bei der Airline einen Preis für das hübscheste Amateurfoto zu gewinnen. Sie bewerben sich schließlich nicht als Model, sondern als Flugbegleiter.

Betrachten Sie die oben aufgeführten Ratschläge als Empfehlungen.

Das Foto sollte an der schmalen Seite 10-15 cm messen (Höhe in Relation dazu). Das Hochformat ist geeignet.

Am besten kleben Sie das Foto auf ein separates Blatt.

Zeugnisse

Arbeitszeugnisse sollten vollständig und chronologisch in Kopie angefügt sein. Beglaubigungen sind nicht notwendig. Versenden Sie niemals Originale. Diese können Sie gerne zum Auswahltag mitbringen (müssen aber nicht!), damit sich die Airline-Mitarbeiter gegebenenfalls von der Authentizität der Zeugnisse überzeugen können. Lassen Sie die Originale nicht bei der Airline!

Arbeitslosigkeit oder sonstige erwerbslose Zeiten können je nach Dauer zum Erklärungsnotstand führen.

Fehlende Zeugnisse machen einen schlechten Eindruck. Sie sollten sich im eigenen Interesse um die Vollständigkeit bemühen. Notfalls müssen Sie bei einem früheren Arbeitgeber anrufen und um die Ausstellung eines Zeugnisses bitten, auch wenn Ihnen dieser Gedanke nicht behagt.

Das Abschlusszeugnis der allgemeinen Schulausbildung sollte nicht fehlen. Schüler und Schulabgänger sollten die letzten zwei bis drei Zeugniskopien mitsenden.

Sprachzertifikate

Kopien von Sprachzertifikaten können gerne angefügt werden. Der Nachweis über eine Sprache macht stets einen guten Eindruck, gerade bei einer Airline. Jedoch ersetzen sie nicht den bevorstehenden Sprachtest.

Die Email-Bewerbung

Email-Bewerbung bedeutet, dass Sie eine Email an die zuständige Stelle senden. Diese Email sollte die entsprechenden Anhänge haben, damit die Abteilung einen vollständigen Überblick über Ihren bisherigen Werdegang erhält. Achten Sie dabei darauf, dass die angehängten Dateien nicht zu groß sind. Zu große Dateien könnten durch einen Spam-Blocker der Airline gelöscht werden.

Versenden Sie Wort-Dokumente (z.B. Anschreiben, Lebenslauf) als .doc- oder .pdf-Datei, Bilder und Scans am besten im .jpg-Format. Vermeiden Sie in jedem Fall das .bmp-Format! Verzichten Sie auf sonstige raffinierte Dokumentenformate, die nur mit Spezialprogrammen geöffnet werden können.

Eine Email-Bewerbung bietet nicht die Gestaltungsfreiheit einer Bewerbungsmappe. Es gelten jedoch dieselben Grundsätze wie bei einer schriftlichen Bewerbung (siehe dort).

Sie können Ihr Anschreiben direkt in die Email schreiben. Vergessen Sie nicht, Ihre Kontaktdaten (Telefonnummer, Adresse) mitzuteilen.

Die Online-Bewerbung

Der Trend geht hin zur Online-Bewerbung. Bei Lufthansa oder easyJet ist dies der ausschließliche Bewerbungsweg, bei AirBerlin ist die Online-Bewerbung alternativ zur schriftlichen Bewerbung möglich.

Bei einer Online-Bewerbung müssen Sie bestimmte, vorgefertigte Online-Formulare ausfüllen. Sie werden mittels Klicks von Formular zu Formular geführt. Der griffbereite Lebenslauf erspart viel Überlegarbeit. Oft haben Sie die Gelegenheit, am Ende Ihre digitalen Dokumente hochzuladen und mitzuschicken, wobei die Airline Hinweise zum Format oder zur Größe der Dokumente gibt.

Die Airlines haben unterschiedliche Online-Bewerbungsverfahren.

Achten Sie darauf, dass Sie richtige Angaben und keine Tippfehler machen, z.B. wenn Sie bei Ihrem Körpergewicht aus Versehen den Pfund-Betrag eingeben, anstatt der gefragten Kilogramm, oder wenn Sie bei der Körpergröße (in cm) statt 175 1,75 eingeben. Bei der Vielzahl der Bewerbungen kann oftmals nicht jeder Bewerbung die notwendige Aufmerksamkeit gewidmet werden, weshalb eine fehlerhafte Eingabe fatale Folgen für Ihre Bewerbung haben kann.

Da die weitere Korrespondenz zwischen der Airline und Ihnen über Email läuft, achten Sie bitte auf die korrekte Schreibweise Ihrer Email-Adresse. Buchstabendreher führen dazu, dass Sie vergebens auf eine Benachrichtigung durch die Airline warten können.

Das Telefoninterview

Viele Bewerber haben große Angst vor dem Telefoninterview, für das die Lufthansa seit vielen Jahren bekannt ist. Aber auch andere Airlines (z.B. Eurowings, CityLine) gehen dazu über, solche Telefoninterviews zu führen. Dabei gibt es eigentlich keinen vernünftigen Grund, Angst davor zu haben.

Dieses Telefoninterview, bei dem ein Teil des Gesprächs oft auch in englischer Sprache geführt wird, ist eine sehr effektive Form der Vorauswahl. Bei dieser Gelegenheit lernt die Airline Sie viel besser kennen als mittels Ihrer schriftlichen Unterlagen, die Sie theoretisch zusammen mit Freunden erstellt haben können, und eine Tante, die im Personalbüro einer großen Firma arbeitet, gab der Bewerbung vielleicht den letzten Schliff. Manchmal hat eine schriftliche Bewerbung nicht mehr viel mit der Persönlichkeit des Bewerbers zu tun.

Das Telefoninterview jedoch müssen Sie selbst und ganz alleine führen. Da führt kein Weg dran vorbei.

Eine solche Art der Vorauswahl ist besonders bei serviceorientierten Berufen sinnvoll, bei denen es auf ein gutes Kontaktverhalten ankommt.

Daher sollten Sie keine Angst haben, auf fremde Menschen zuzugehen und mit ihnen in eine ungezwungene Unterhaltung zu treten. Insofern kann man den Griff zum Telefonhörer, um das Telefoninterview zu führen, schon als ersten Test betrachten.

Während des Telefoninterviews sollte es dem Bewerber gelingen, eine freundliche Gesprächsatmosphäre aufzubauen, selbst wenn der Telefoninterviewer als unfreundlich oder kühl empfunden werden sollte.

Dass das Telefoninterview eine besondere Situation darstellt, von der viel abhängt, ist allen Beteiligten klar. Eine gewisse Nervosität beim Bewerber ist absolut nachvollziehbar und durchaus angemessen. Dies weiß der Telefoninterviewer bei der Beurteilung nach dem Gespräch zu berücksichtigen. Allerdings darf die Nervosität nicht derart überhand nehmen, dass Sie kaum ein Wort herausbringen. Dies würde als Unsicherheit und mangelnde Reife gewertet werden.

Ziel des Telefoninterviews ist, Ihre Soft Skills besser kennen zu lernen. Über das Telefon haben die Mitarbeiter der Airline die einmalige Gelegenheit, mehr z.B. über folgende Kriterien zu erfahren:

- ✓ Kommunikationsfähigkeit (Freundlichkeit, Verbindlichkeit)
- ✓ Ausdrucksvermögen
- ✓ Sprachkenntnisse
- ✓ Initiative
- ✓ Offenheit
- ✓ Serviceorientierung

Ein allumfassendes Bild können sich die Interviewer am Telefon nicht verschaffen, jedoch ein aussagekräftigeres Bild als nach einer schriftlichen Bewerbung.

Sollten Sie im Telefoninterview überzeugt haben, werden Sie zu einem persönlichen Gespräch eingeladen.

Mögliche Fragen

Die Fragen im Telefoninterview können ähnlich oder identisch sein mit den Fragen, die Sie im persönlichen Gespräch gestellt bekommen. (Siehe „Bestandteile des Auswahltages, Das persönliche Gespräch“)

Tipps für das Telefoninterview

- ✓ Benutzen Sie einen Festnetzanschluss für das Gespräch.
- ✓ Seien Sie ausgeschlafen, nüchtern und entspannt; rauchen, essen und trinken Sie nicht während des Interviews. Erledigen Sie das vor dem Telefonat.
- ✓ Schalten Sie Ihr Handy ab. Lassen Sie sich durch nichts stören. Wenn Sie ein Päckchen oder Besuch erwarten, dann verlegen Sie entweder das Telefoninterview oder den anderen Termin.

- ✓ Schalten Sie auch den Fernseher und das Radio ab. Hintergrundgeräusche lenken ab. Wenn Sie an der Hauptverkehrsstraße wohnen, schließen Sie das Fenster.
- ✓ Ziehen Sie sich Kleider an, in denen Sie sich schön und wohl fühlen. Das steigert Ihr Selbstbewusstsein.
- ✓ Legen Sie sich Ihren Lebenslauf neben das Telefon, damit Sie die Eckdaten parat haben.
- ✓ Machen Sie sich vorher ein paar Gedanken über Ihre Motivation und über Ihre speziellen Stärken, die in Verbindung mit der Tätigkeit eines Flugbegleiters von Vorteil sein könnten. Lesen Sie sich noch einmal Ihr Anschreiben (falls es ein solches gibt) durch, um keine widersprüchlichen Angaben zu machen.
- ✓ Reden Sie nicht zu viel, aber auch nicht zu wenig. Antworten Sie vorausschauend und lassen Sie sich nicht mühsam jede Information entlocken.
- ✓ Siezen Sie den Interviewer und die Airline. Noch sind Sie kein Mitglied der Airline-Familie!
- ✓ Notieren Sie sich den Namen des Telefoninterviewers. Reden Sie ihn zwischendurch, spätestens am Ende des Gesprächs mit Namen an. Bewahren Sie den Namen und das Datum des Interviews auf, bis Sie die Entscheidung mitgeteilt bekommen.
- ✓ Fragen Sie am Ende nicht danach, wie Sie im Gespräch abgeschnitten haben. Die Frage ist unpassend.
- ✓ Bedanken Sie sich am Ende des Interviews für die Zeit, die sich Ihr unsichtbares Gegenüber genommen hat.
- ✓ Ein Lächeln am Telefon hat noch nie geschadet.

Die Absage nach dem Telefoninterview

Die Telefoninterviewer sind sehr gut geschult, um fundierte und sorgfältig abgewogene Entscheidungen zu treffen. Bitte haben Sie Verständnis für die Entscheidung der Airline, auch wenn Sie diese im Falle einer Absage nicht verstehen oder nachvollziehen können und es nicht wahrhaben wollen. Lassen Sie sich in diesem Fall nicht entmutigen, sich ein zweites Mal zu bewerben. Bei Lufthansa kann man sich z.B. frühestens nach einem Jahr wieder bewerben.

Vielleicht klappt es ja im zweiten, oder gar beim dritten Anlauf!?

Wenn Sie beim zweiten Versuch gefragt werden, ob Sie sich vorher bereits beworben haben, antworten Sie wahrheitsgemäß.

Massenauswahlverfahren (Open Day, Recruiting Day)

Es gibt Airlines, die alle Interessenten zu einem Sammeltermin einladen. In einer Zeitungsanzeige oder auf der Airline-Homepage wird der feste Termin und der Ort bekannt gegeben, wann und wohin alle interessierten Bewerber ohne Voranmeldung kommen dürfen.

In einem Blitzverfahren wird dann die Auswahl getroffen. Die Bewerber bekommen die Chance, sich kurz vorzustellen und noch ein paar wenige Fragen zu beantworten. Daraufhin fällt schon die Entscheidung, ob Sie eingestellt oder zu einem zweiten Gespräch zu einem späteren Zeitpunkt eingeladen werden.

Dabei entscheidet im hohen Maß der erste Eindruck. Ein perfektes, weltmännisches, freundliches Auftreten in Verbindung mit einem sehr gepflegten Äußeren erhöhen die Chancen auf ein Weiterkommen.

Es kommt vor, dass Sie keine Entscheidung unmittelbar nach dem Massenauswahltag mitgeteilt bekommen. Die Bewerber könnten z.B. mit folgenden Worten verabschiedet werden: „Die positiven Bewerber werden benachrichtigt, die negativen Bewerber hören nichts mehr von uns.“ Eine Zeit der Unsicherheit beginnt für den Bewerber, vor allem wenn die Auswahl negativ verläuft und er tatsächlich nie wieder etwas hört: Ist die Antwort nur verloren gegangen? Hat mich die Airline eventuell mit einem anderen Bewerber verwechselt? Ob Sie sich deshalb noch einmal an die Airline wenden, bleibt Ihre Entscheidung.

Die Einladung

Wenn der Bewerber zu einem Auswahltag eingeladen wird, so ist er schon (beinahe) am Ziel angekommen.

Der Zeitrahmen ist unterschiedlich: Der Termin könnte vielleicht schon in der Woche nach der Bewerbung stattfinden, vielleicht aber auch erst zwei Monate später. Unterschiedlich lang ist die mentale Vorbereitungszeit. Der eine Bewerber hofft, das Auswahlverfahren so schnell wie möglich hinter sich zu bringen, der andere Bewerber möchte sich erst noch intensiv vorbereiten, sein Englisch aufbessern oder sich in aller Ruhe überlegen, was er anziehen wird.

Verlegung des Termins

Sollte Ihnen ein Termin nicht gelegen sein, kontaktieren Sie, sobald es Ihnen möglich ist, die Airline, um einen anderen Termin zu vereinbaren. Eine Terminverlegung ist gängige Praxis. Allzu oft jedoch sollten Sie von dieser Gelegenheit nicht Gebrauch machen.

Nun kann es natürlich vorkommen, dass Sie ausgerechnet kurz vor dem lang ersehnten Vorgestellungsgespräch krank werden und Sie überlegen, was Sie tun sollen: trotzdem hingehen oder absagen?

Falls Sie unter allen Umständen zum Vorstellungsgespräch gehen möchten, fragen Sie sich vorher: Fühlen Sie sich wohl genug, um sich so zu präsentieren, wie Sie wirklich sind? Können Sie trotz der Krankheit die Entscheidung der Airline – wie auch immer sie ausfallen wird – voll tragen, also auch eine eventuelle Absage?

Bleiben Sie im Zweifel lieber zu Hause. Es ist keine Schande, wenn Sie einen Termin wegen Krankheit absagen. Dagegen ist keiner gewappnet. Die Mitarbeiter der Airline werden Verständnis haben.

Sobald sich eine Krankheit abzeichnet, sagen Sie den Termin so früh wie möglich ab, damit die Airline andere Bewerber, die auch auf ein Vorstellungsgespräch warten, nachziehen kann.

Bleiben Sie dem Termin in keinem Fall fern, ohne sich vorher zu entschuldigen.

Bei Lufthansa haben Sie – sehr fortschrittlich – die Möglichkeit, Ihren Termin über das Karriereterminal online zu buchen.

Anreisekosten

Die Kosten für die Anreise zum Vorstellungsgespräch gehen meistens zulasten des Bewerbers. Nur wenige Airlines unterstützen die Anfahrt (z.B. stellt Lufthansa ungebuchte Anreisetickets, wenn sinnvoll, zur Verfügung).

Inwiefern Sie eine Erstattung für tatsächlich entstandene Fahrtkosten erhalten, entnehmen Sie dem Einladungsschreiben.

Richten Sie sich darauf ein, dass Sie die gesamten Anreisekosten selbst tragen müssen.

Die Vorbereitung auf das Gespräch

Informieren Sie sich im Vorfeld über die Airline, bei der Sie sich vorstellen:

- Wie entstand die Firma, was bedeutet der Name der Firma?
- Welches Streckennetz wird bedient?
- Welche Flugzeuge setzt die Firma ein?
- Wie ist die Passagierentwicklung?
- Gibt es aktuelle Fusionen/Übernahmen?
- Welche Pläne hat die Firma in absehbarer Zeit?

Nehmen Sie am aktuellen, allgemeinen Zeitgeschehen teil:

- Welche allgemeinen und airlinespezifischen wirtschaftlichen Entwicklungen gibt es?
- Welche Flughäfen expandieren?
- Wie ist die Konkurrenz aufgestellt?

Natürlich müssen Sie kein Wirtschafts- oder Airlineexperte werden, wenn Sie sich als Flugbegleiter bewerben. Jedoch kommt einem Bewerber eine gute Allgemeinbildung über die aktuelle Marktlage und die Fähigkeit, über den eigenen Tellerrand hinauszuschauen, in irgendeiner Form sicher zugute.

Ein solches Wissen kann nie schaden. Je mehr Wissen Sie haben, desto selbstsicherer können Sie auftreten. Einige dieser Informationen werden Sie mit hoher Wahrscheinlichkeit nicht brauchen. Bei der einen oder anderen Frage werden Sie jedoch vielleicht froh sein, Hintergrundwissen zu haben, vor allem, wenn Sie danach gefragt werden, was Sie über die Airline wissen. Hüten Sie sich davor, Ihr Wissen ungefragt und krampfhaft an den Mann zu bringen.

Lesen Sie sich im Vorfeld noch einmal das airlinespezifische Anforderungsprofil durch. Achten Sie darauf, auf welche Formulierungen die Airline besonderen Wert legt.

Arbeiten Sie kurz vor dem Termin noch einmal die „Soft Skills“ im Buch durch, damit Sie sich der Auswahlkriterien bewusst werden.

Überlegen Sie auch, ob Sie während des Auswahlverfahrens Fragen stellen möchten und falls ja, welche. Fragen zu stellen zeigt Interesse, allerdings sollten die Fragen durchdacht sein. Stellen Sie keine Fragen, die Sie sich leicht selbst beantworten könnten, wenn Sie ein bisschen im Internet surfen (z.B. nach dem Streckennetz der Airline).

Lesen Sie sich die Einladung und die mitgeschickten Dokumente gut durch, damit Sie sicher sein können, dass Sie nichts übersehen haben. Der Inhalt kann während des Gesprächs von Wichtigkeit sein.

Füllen Sie eventuelle Fragebögen (Personalbogen, Sicherheitsüberprüfung, etc.) sorgfältig aus. Vergessen Sie nicht, diese mitzubringen!

Das Outfit am Auswahltag

Da von Ihnen ein gepflegtes Auftreten erwartet wird, sollten Sie sich im Vorfeld einige Gedanken über Ihr Outfit an diesem Tag machen. Nicht das Kleid oder die Frisur alleine ist entscheidend, sondern der Gesamteindruck.

Die Kleidung

Wählen Sie eine dezente Business-Bekleidung. Damen sollten sich für ein Kleid, Kostüm oder Hosenanzug entscheiden, Herren für einen dunklen Anzug oder eine Kombination, in beiden Fällen mit Krawatte.

Alle Kleidungsstücke sollten farblich aufeinander abgestimmt sein.

Kleiden Sie sich ordentlich und sauber, eher klassisch als zu modisch.

Dezente Accessoires können sehr peppig wirken, z.B. ein Halstuch oder eine hübsche Haarspange.

Der Schmuck sollte dezent und klassisch sein. Übertreiben Sie nicht!

Tabus

✓ Abendgarderobe

✓ besonders auffallende Kleidungsstücke mit grellen, auffälligen Farben

✓ Freizeitbekleidung / Minirock / Hotpants

✓ extrem eng anliegende, sexy Kleidung

✓ durchsichtige Kleidung

✓ bauchfreie Oberbekleidung

✓ ein tiefer Ausschnitt

✓ ein klassisches T-Shirt

✓ Jeans, hautenge Hosen

✓ Turnschuhe, Freizeitschuhe

✓ Tennissocken

✓ sichtbare Piercings und sichtbare Tattoos

✓ zu große, klobige Ringe oder Ketten

Die Schuhe

Die Schuhe sollten farblich zu Ihrer Kleidung passen, sauber und gepflegt sein. Mit schwarzen Schuhen machen Sie selten etwas falsch. Die Form der Schuhe sollte klassisch sein, nicht extrem modisch oder auffallend. Damen sollten keine Stilettos wählen.

Herren sollten auf jeden Fall (idealerweise dunkle) Socken tragen, Damen unabhängig vom Wetter Nylonstrümpfe.

Bewerber kaufen sich gerne neue Schuhe extra für das Vorstellungsgespräch. Laufen Sie diese zur Genüge vorher ein. Blasen an den Füßen sind sehr unangenehm und schränken Ihr Wohlgefühl ein, sobald Ihre Gangart nicht mehr natürlich aussieht.

Make-up / Körperpflege

Damen sollten sich auf jeden Fall dezent schminken (Make-up, evtl. Rouge, Augenkosmetik, Lippenstift), möglichst auch mit dem passenden Nagellack. Bei einer gewissen Abneigung gegen farbigen Nagellack reicht ein farbloser oder perlmuttfarbener aus. Vermeiden Sie knallige, sehr auffallende Farben.

Gepflegte Hände und saubere Fingernägel sind besonders wichtig für das Erscheinungsbild eines Flugbegleiters und sind Anzeichen für eine gute Körperpflege.

Ein Hauch von Eau de Toilette / Rasierwasser unterstreicht diesen Eindruck.

Enthaarte Damenbeine sind optisch ansprechend.

Haare

Damen sollten lange Haare mit Sorgfalt zusammenbinden oder hochstecken. Der wilde, zersauste Look ist hier unangemessen. Kurze bis nackenlange Haare können offen getragen werden.

Herren mit langen Haaren wird empfohlen, diese sorgfältig zusammenzubinden, falls eine vorherige Trennung von der Haarpracht nicht in Frage kommt. Spätestens zu Lehrgangsbeginn sollte sich der langhaarige Mann mit diesem Gedanken anfreunden.

Herren mit langen Haaren können damit rechnen, dass sie beim Auswahltag daraufhin angesprochen werden. Grundsätzlich gelten lange Haare bei Männern als kritisch.

Erblich bedingter, spärlicher Haarwuchs ist kein Problem, sofern die Gesamterscheinung gepflegt ist.

Gehen Sie mit Gel und Haarspray sparsam um; sie sollen schließlich natürlich wirken, und sich nicht über Ihre allzu künstlich gestylte Frisur definieren. Die Frisur soll Ihren Typ unterstreichen, nicht dominieren.

Piercing

Wenn Sie ein sichtbares Piercing tragen, sollten Sie dieses vor dem Auswahltag entfernen. Das wird von Ihnen auch bei Ihren Diensteinsätzen als Flugbegleiter erwartet. Sichtbare Piercings passen nicht in das Bild der meisten Airlines.

Über ein klassisches Ohrloch müssen Sie sich jedoch keine Gedanken machen.

Nicht sichtbare Piercings lassen sich nur schwer überprüfen. Rechnen Sie damit, dass Sie danach gefragt werden. Das Vorhandensein von Piercings kann folgende Konsequenzen haben:

- ✓ Sie könnten deswegen eine Absage bekommen.
- ✓ Sie könnten die Aufforderung bekommen, im Falle eines Vertrages das Piercing zu entfernen.
- ✓ Das unsichtbar getragene Piercing kann akzeptiert werden.

Tattoo

Sichtbare Tattoos am Arm, Hals, Gesicht oder Bein sind kritisch. Über deren Akzeptanz muss die Airline entscheiden, inwiefern dies mit deren Richtlinien vereinbar ist. Rechnen Sie damit, dass ein solches

Tattoo das Aus für Ihre Bewerbung bedeuten könnte, insbesondere bei den „klassischen" Airlines (z.B. Lufthansa, JAL).

Tattoos, die sich am restlichen Körper befinden und mit Uniform nicht sichtbar sind, müssen individuell beurteilt werden, ob sie für die Airline akzeptabel sind. Großflächige Tattoos oder Tattoos mit kritischem Inhalt könnten ein Negativbild auf das Image der Airline werfen. Hier kann die Airline durchaus die Einstellung vertreten, dass der Flugbegleiter in Badehose auch am Pool an einem dienstlichen Übernachtungsort die Airline angemessen repräsentieren muss.

Sie sollten im Zweifel mit offenen Karten spielen, um spätere Probleme zu vermeiden.

Brille

Eine Brille oder Kontaktlinsen sind bei den meisten deutschen Airlines kein Problem (sofern die Fehlsichtigkeit im Rahmen der Flugtauglichkeit bleibt). Auch später an Bord dürfen Sie eine Brille tragen. Ausländische, vornehmlich asiatische Airlines bevorzugen oftmals das Tragen von Kontaktlinsen.

Vermeiden Sie farbige Kontaktlinsen oder eine Sonnenbrille.

Zusammenfassung

Wichtig ist, dass Sie sich in Ihrem Outfit beim Vorstellungsgespräch wohl fühlen und damit vertraut sind. Wenn dies der Fall ist, strahlen Sie auch mehr Positives aus.

<u>Weitere Tipps</u>

- ✓ Kommen Sie ausgeruht zum Vorstellungsgespräch.
- ✓ Warten Sie stets die Aufforderungen durch das Personal ab und handeln Sie nicht eigenmächtig. Nehmen Sie erst Platz, wenn Sie wissen, wohin Sie sich setzen dürfen/sollen.

- ✓ Nehmen Sie eine interessierte, aufrechte Sitzposition ein. Sitzen Sie nicht breitbeinig! Verschränken Sie nicht die Arme vor dem Körper.
- ✓ Merken Sie sich die Namen der Personen, mit denen Sie zu tun haben.
- ✓ Achten Sie auf Blickkontakt zu allen anwesenden Personen.
- ✓ Sprechen Sie bei passender Gelegenheit die Personen mit Namen an. Damit beweisen Sie gute Umgangsformen und auch, dass Sie aufmerksam sind. Siezen Sie die Mitarbeiter der Airline!
- ✓ Demonstrieren Sie Ihr bestes Hochdeutsch. Vermeiden Sie jede Form von Kraftausdrücken.
- ✓ Reden Sie nicht zu viel, aber auch nicht zu wenig. Antworten Sie vorausschauend.
- ✓ Bleiben Sie bei Ihrem gesamten Auftritt bodenständig.
- ✓ Umschmeicheln Sie die Airline nicht übertrieben: „Ihre Airline ist die tollste!“ oder „Ich möchte nur bei Ihnen, und sonst bei keiner anderen Airline Flugbegleiter werden!“.
- ✓ Falls Sie sich ein umfangreiches Wissen über die Airline im Vorfeld angeeignet haben, achten Sie darauf, nicht Ihr gesamtes Wissen zwanghaft an den Mann bringen zu wollen, wenn nicht danach gefragt wurde.
- ✓ Stellen Sie keine Behauptungen über die Airline auf. Eine Äußerung wie „Der geradlinige Erfolg Ihres Unternehmens hat mich sehr beeindruckt!“ kann negativ ausgelegt werden, wenn schon seit Wochen in den Medien über eine bevorstehende Insolvenz der Firma spekuliert wird.
- ✓ Fragen Sie am Ende nicht, wie Sie im Gespräch abgeschnitten haben. Die Frage ist unpassend.
- ✓ Bedanken Sie sich am Ende des Gesprächs.
- ✓ Ein Lächeln hat noch nie geschadet!

Bei allen Tipps handelt es sich um Empfehlungen. Ob Sie diese umsetzen, bleibt Ihre freie Entscheidung.

Es gibt keine Garantie dafür, dass das Auswahlpersonal genau auf den Aspekt viel Wert legt, der Ihnen tagelanges Kopfzerbrechen bereitet hat. Es hängt sehr vom Auswahlpersonal ab, wie sehr und ob die jeweiligen Details beurteilt werden. Jeder Mitarbeiter wird auf andere Kriterien achten: Dem einen Mitarbeiter fällt es nicht auf, ob der Bewerber überhaupt Nagellack trägt, dem anderen ist genau dieses Kriterium sehr wichtig.

Halten Sie sich immer vor Augen, dass bei der Airline ganz normale Menschen arbeiten.

Nervosität

Seien Sie ruhig ein bisschen nervös. Dies wird Ihnen keiner verübeln. Oftmals wird die eigene Nervosität von Außenstehenden gar nicht so wahrgenommen, wie Sie diese selbst erleben.

Ungünstig wäre es, wenn eine überdurchschnittliche Nervosität zu einer Blockade führt. Das Auswahlpersonal würde sich zwangsläufig die Frage nach der Belastbarkeit/Reife stellen.

Der Inhalt / Ablauf des Auswahltages

Die Auswahl findet meistens an nur einem Tag statt und dauert zwischen zwei und fünf Stunden, selten länger, manchmal kürzer. Danach wird die Entscheidung über ein Vertragsangebot getroffen.

Das Auswahlverfahren kann verschiedene Punkte beinhalten: z.B. Rollenspiel, Gruppendiskussion, Gruppenübung, Sprachtest und natürlich das persönliche Gespräch.

Die Zusammensetzung und die Reihenfolge der Bestandteile variieren bei den Airlines, das Ziel ist immer dasselbe, nämlich die Beantwortung der Fragen: Passt der Bewerber zur Airline? Passt die Airline zum Bewerber?

Die Entscheidung über eine Eignung zum Flugbegleiter wird meistens nicht von einer Person alleine getroffen. Damit wird die Gefahr einer Fehlentscheidung gemindert.

Manche Airlines schicken Bewerber noch im Laufe des Auswahltages nach den jeweiligen Übungen bei Nichteignung nach Hause. Andere Airlines ziehen das gesamte Auswahlverfahren mit allen Bewerbern durch (z.B. Lufthansa).

<u>Das Auswahlverfahren Ihrer Wunschairline</u>

Es besteht die Möglichkeit, sich im Vorfeld über das Auswahlverfahren der Airline, bei der Sie demnächst das Vorstellungsgespräch haben, zu informieren, z.B. im Internet (Foren) oder direkt bei der Airline. Das Auswahlverfahren und die Auswahlkriterien können sich jedoch jederzeit ändern, wie folgende Beispiele aufzeigen:

> Die Airline hat acht Bewerber eingeladen. Witterungsbedingt kommen am Auswahltag jedoch nur zwei Bewerber. Eine geplante Gruppenubung kann nun aufgrund der geringen Teilnehmerzahl nicht mehr sinnvoll durchgeführt werden. Stattdessen entscheidet das Auswahlpersonal spontan, einen Aufsatz zum Thema „Teamarbeit“ schreiben zu lassen.
>
> Aufgrund von zunehmenden Kundenbeschwerden über das unfreundliche Bordpersonal entscheidet der Airline-Vorstand, bei der Auswahl von künftigen Flugbegleitern verstärkt auf die Kriterien „Freundlichkeit, Belastbarkeit, Serviceorientierung“ zu achten. Daraufhin wird das Auswahlverfahren geändert: Statt einem werden künftig zwei Rollenspiele durchgeführt, die Themen der Gruppendiskussion und der Gruppenübung werden neu ausgerichtet, der schriftliche, psychologische Test entfällt wegen mangelnder Aussagekraft.

Die genauen Bestandteile zu wissen, beruhigt sicher ein bisschen das nervöse Gemüt, ist jedoch noch lange keine Garantie dafür, das Auswahlverfahren auch tatsächlich positiv zu durchlaufen.

Seien Sie offen für alles, was auf Sie zukommt.

Die Kollegen von der Flugbegleiterauswahl möchten Sie spontan, natürlich, entspannt und ehrlich erleben, nicht künstlich vorbereitet. Den unterschiedlichen Situationen später an Bord werden Sie ebenfalls spontan begegnen.

Die Bestandteile des Auswahltages

Die folgenden, klassischen Bestandteile des Auswahltages können von jeder Airline unterschiedlich eingesetzt und gewichtet werden.

Vorstellungsrunde

Die Vorstellungsrunde der Bewerber läuft sehr unterschiedlich ab. Einige Airlines erwarten eine ausführliche, originelle Präsentation der eigenen Person (z.B. eine Präsentation an der Flipchart-Tafel oder eine pantomimische Darstellung des erlernten Berufs).

Eine solche Vorstellung hat manchmal schon Vorauswahlcharakter bei den Airlines, die danach bereits die ersten Bewerber nach Hause schicken.

Hierbei wird in erster Linie der erste Eindruck beurteilt:

- Wie selbstsicher wirkt der Bewerber?
- Entspricht er optisch dem Bild eines Flugbegleiters?
- Ist der Bewerber gepflegt?
- Kann er angemessen repräsentieren?
- Hat der Bewerber ein gewinnendes Wesen?
- Ergreift der Bewerber Initiative?

Bei anderen Airlines erfolgt die Vorstellungsrunde eher beiläufig und unspektakulär, und spielt bei der abschließenden Beurteilung eine eher untergeordnete Rolle.

Das persönliche Gespräch

Das persönliche Gespräch ist das Kernstück des Auswahltages. Nach diesem muss die Airline folgende Fragen beantworten können, um eine Entscheidungsgrundlage zu haben:

- Ist der Bewerber aufrichtig motiviert, Dienst am Passagier zu leisten?
- Ist der Bewerber ernsthaft daran interessiert, mittelfristig bei der Airline zu arbeiten?
- Wird ihm der Beruf auch noch nach einem Jahr Freude bereiten?
- Kann der Bewerber angemessen die Airline repräsentieren?
- Hat er eine ansprechende Körperhaltung und eine angemessene Gestik, Mimik und Umgangsform?
- Hat der Bewerber das Standing und die Reife, auch bei schwierigen Passagieren zu bestehen?
- Strahlt der Bewerber durchgängig Freundlichkeit aus?
- Wirkt der Bewerber stabil genug, um den Belastungen des Berufs standzuhalten?

Hier eine kleine Auswahl möglicher Fragen (übertragbar auch auf das Telefoninterview; alle diese Fragen könnten auch in englischer Sprache gestellt werden):

- Warum möchten Sie gerne Flugbegleiter werden?
- Welche Vor- und Nachteile sehen Sie im Beruf des Flugbegleiters?
- Wie reagieren Sie, wenn Flugbegleiter als „Saftschubse“ oder „fliegender Kellner“ bezeichnet werden?
- Wie stellen Sie sich den Alltag eines Flugbegleiters vor?
- Welche Aufgaben hat Ihrer Meinung nach ein Flugbegleiter?
- Sind Sie schon einmal als Passagier geflogen?

- Wie haben Sie den Service an Bord empfunden?
- Sind Sie schon einmal mit unserer Airline geflogen?
- Wie fanden Sie unseren Bordservice? Was würden Sie hierbei verbessern, wenn Sie etwas ändern könnten?
- Worin sehen Sie die Unterschiede zwischen der Business und Economy Class?
- Wie unterscheiden sich die Bedürfnisse zwischen einem Business Traveller und einem Urlauber?
- Welche eigenen Serviceerfahrungen haben Sie?
- Welche schwierigen Situationen kennen Sie aus Ihrem Servicealltag, und wie sind Sie damit umgegangen?
- Beschreiben Sie eine schwierige Situationen, wie sie an Bord vorkommen könnte! Wie würden Sie diese lösen?
- Warum arbeiten Sie gerne im Service?
- Was ist für Sie ein „guter Service“?
- Was ist der Unterschied zwischen einem guten und einem sehr guten Service?
- Inwiefern könnten Sie Ihre bisher erworbenen Serviceerfahrungen an Bord einbringen?
- Wie empfinden Sie den Service in einem Discount-Laden?
- Welche persönlichen Eigenschaften sollte ein Dienstleister/Flugbegleiter haben?
- Wie stehen Sie zur Schichtarbeit? Haben Sie schon Erfahrung damit?
- Arbeiten Sie gerne im Team?
- Haben Sie Erfahrung in Teamarbeit?
- Was sind die Vor- und Nachteile von Teamarbeit?
- Welche Stärken/Schwächen haben Sie?

- Warum sollten wir SIE einstellen?
- Wie würde Sie ein Freund beschreiben?
- Wo sehen Sie sich in 5/10/30 Jahren?
- Warum bewerben Sie sich in unserem Unternehmen?
- Was wissen Sie über unser Unternehmen?
- Was werden Sie tun, wenn Ihre Bewerbung bei unserer Airline nicht erfolgreich ist?
- Haben Sie sich auch bei anderen Airlines beworben?
- Welche Airline ist als Arbeitgeber Ihre erste Wahl?
- Bei einer Wiederbewerbung: Warum hat es – Ihrer Meinung nach – bei Ihrer ersten Bewerbung nicht geklappt?
- Wo haben Sie Englisch/eine andere Sprache erlernt?
- Wo haben Sie Ihren letzten Urlaub verbracht?
- Wie/wo haben Sie Englisch gelernt?
- Waren Sie jemals in einem englischsprachigen Ausland?
- Wie würden Sie die Mentalität der Menschen dort beschreiben? (Bezieht sich auf ein Land, in welchem Sie offenkundig waren.)
- Was verstehen Sie unter ‚interkultureller Kompetenz'?
- Wie könnte Ihr Beitrag zur Völkerverständigung aussehen?

Folgende Fragen dienen hauptsächlich der Auflockerung der Gesprächsatmosphäre, wenngleich der Inhalt der Antwort natürlich ebenfalls Rückschlüsse auf Ihr Wesen gibt. Solche Fragen werden auch gerne während des englischen Gesprächsteils gestellt.

- Was machen Sie in Ihrer Freizeit, was sind Ihre Hobbies?
- In welches Land würden Sie gerne reisen und warum?

- Welchen Film haben Sie zuletzt im Kino gesehen / welches Buch haben Sie zuletzt gelesen? Erzählen Sie mir aus dem Inhalt!
- Wenn Sie alles Geld der Welt zur Verfügung hätten, was würden Sie sich dann kaufen?

Darüber hinaus werden individuelle Fragen zu Ihrem persönlichen Werdegang gestellt, wie z.B.

- Warum möchten Sie jetzt direkt nach Ihrem Abitur nicht erst eine richtige Ausbildung absolvieren?
- Warum hatten Sie sich dazu entschieden, eine Ausbildung zur Bankkauffrau zu absolvieren?
- Welche Station hat Ihnen während Ihrer Ausbildung am besten gefallen?
- Wie kam es dazu, dass Sie 7 Monate lang arbeitslos waren?
- Warum haben Sie das Informatik-Studium nach 6 Semestern abgebrochen?
- Warum möchten Sie Ihre derzeitige Tätigkeit für einen befristeten Job aufgeben?

Beantworten Sie die Fragen, die Sie gestellt bekommen, nach bestem Wissen und Gewissen, und vor allem ehrlich. Dass Bewerber nicht immer die ganze Wahrheit sagen, weiß das Auswahlpersonal. Sie könnten z.B. auf die Frage nach Ihrer Motivation antworten: „Ich arbeite liebend gerne im Service und mag den Kontakt mit Menschen.“ Insgeheim jedoch erachten Sie vielleicht das Reisen als den viel interessanteren Aspekt der Arbeit, was Sie aber an dieser Stelle lieber nicht erwähnen möchten.

Das Auswahlpersonal versucht natürlich herauszufinden, wie sehr Sie hinter Ihrer Serviceaussage stehen. Wenn Ihre Serviceeinstellung am Ende überzeugt, spielt die „Verschiebung“ der Wahrheit nur eine untergeordnete Rolle.

Berufen Sie sich bei Ihren Antworten nicht auf andere. Aussagen wie „Mein Vater hat gesagt, ich soll eine Ausbildung zum Speditionskaufmann machen!“, „Meine Mutter hat mich darauf gebracht, mich als Flugbegleiter zu bewerben!“, „Ich las im Internet, man soll zunächst sein Tattoo verschweigen, um höhere Einladungschancen zu haben.“ wirken unselbständig. Der Eindruck, dass Sie nicht die Verantwortung für Ihre Entscheidungen übernehmen möchten, drängt sich auf.

Lassen Sie sich nicht alles mühsam aus der Nase ziehen, halten Sie aber auch keine Monologe!

Es kommt bei der Beantwortung der Fragen nicht nur darauf an, was Sie sagen, sondern auch darauf, wie Sie es sagen. So müssen alle Antworten immer im Wechsel gesehen werden: Ein arrogantes, überhebliches Auftreten macht jede noch so ausgeklügelte Antwort zunichte. Eine warmherzige, freundliche, natürliche Art überdeckt inhaltliche Schwächen.

- Wirken Sie bei der Antwort authentisch?
- Sind Ihre Antworten überzeugend?
- Sprechen Sie deutlich und in gutem Deutsch/Englisch?
- Sind Sie durchgängig freundlich?

Als späterer Repräsentant der Airline wird Ihr Äußeres beurteilt:

- Passen die Kleidungsstücke farblich und stilistisch zusammen?
- Sind die Schuhe gepflegt?
- Passen Nagellack und Lippenstift farblich zur Kleidung / zum Typ?
- Trägt der Bewerber eine ordentliche Frisur?
- Ist das Make-up angemessen und dezent?
- Passt das Outfit zur Figur / zum Alter des Bewerbers?
- Kurzum: Können Sie die Airline angemessen repräsentieren?

Rollenspiel

In einem Rollenspiel wird Ihr Gespür im Umgang mit Passagieren beurteilt. Dabei kommt es nicht in erster Linie darauf an, inhaltlich alles richtig zu machen. Die Beobachter werten Ihr Verhalten, Ihre Hilfsbereitschaft und Lösungsorientierung. Achten Sie auf die richtige Ansprache (statt „Was ist Ihr Problem?“: „Wie kann ich Ihnen helfen?“).

- Treten Sie sicher und bestimmend auf?
- Bleiben Sie trotz Widerstand freundlich?
- Geben Sie dem Gast zu verstehen, dass Sie sein Problem erfasst haben?
- Signalisieren Sie, dass Sie helfen möchten?
- Suchen Sie nach einer Lösung? Bleiben Sie dabei regelorientiert?

Ein Mitarbeiter der Airline wird Ihnen zunächst das Thema des Rollenspiels erklären. Mögliche Themen sind z.B.:

- ✓ Ein sehr kräftiger Herr sitzt am Notausgang und muss aus Sicherheitsgründen den Platz wechseln. Überzeugen Sie diesen Mann, sich auf einen anderen Platz zu setzen!
- ✓ Das vorbestellte vegetarische Essen wurde nicht geliefert. Bringen Sie dies der Vegetarierin schonend bei.
- ✓ Eine Dame hält ihr Handgepäck hartnäckig auf ihrem Schoß fest und möchte es keinesfalls aus der Hand geben. Überzeugen Sie die Dame davon, dass es unter dem Sitz verstaut werden muss.
- ✓ Eine Horde Kinder hält das ganze Flugzeug auf Trab. Beruhigen Sie den aufgebrachten und verärgerten Geschäftsmann, der direkt hinter den Kindern sitzt.
- ✓ Die Flugbegleiterin verschüttet aus Versehen Kaffee über die Hose des Geschäftsmannes, der nach der Landung direkt zu einem wichtigen Meeting fährt.

✓ In dem Essen des Passagiers befindet sich ein Haar. Verärgert ruft er den Flugbegleiter.

Danach werden Sie aufgefordert, in die Rolle des Flugbegleiters zu schlüpfen, Ihr Gegenüber wird die Rolle des Passagiers einnehmen. Der „Passagier" wird die Situation zunächst eskalieren lassen und sich stur stellen. Wichtig ist, dass Sie dabei ruhig bleiben, und nicht den Überblick verlieren. Versuchen Sie die Situation zu entschärfen und Lösungen zu finden, ohne gleich den Kabinenverantwortlichen herbeizuholen. Versuchen Sie, Ihre charmante Seite einzubringen. Ein Lächeln kann entwaffnen. Erst wenn Ihr Gegenüber verschiedene Lösungsvorschläge hartnäckig ablehnt, können Sie erwägen, den Purser um Rat zu fragen. Am Ende wird Ihr Rollenspielpartner einlenken, und das Rollenspiel ist danach auch schon vorbei.

Oft werden Sie nach dem Gespräch gefragt, wie Sie sich in der Situation erlebt haben. Hierbei versucht man, Ihre Fähigkeit zur Selbsteinschätzung kennen zu lernen.

Eine Vorbereitung auf das Rollenspiel ist kaum möglich, weil man nie weiß, wie das Gegenüber reagiert.

Das Rollenspiel ist entweder in das persönliche Gespräch eingebettet oder es findet als eigenständige Übung statt.

Viele Flugbegleiter-Bewerber machen sich angesichts des Rollenspiels viele Gedanken: Welche Themen können dran kommen? Wie reagiere ich richtig? Woher weiß ich, wie die Richtlinien der Airline sind? Was mache ich, wenn ich einen extrem sturen Gast habe? Die Situation ist so künstlich – ist diese überhaupt realistisch?

Beim Rollenspiel spielt nicht nur das Gesagte eine Rolle, sondern es werden auch Kriterien wie Mimik, Gestik, Körpersprache, Ausstrahlung, Offenheit und Verbindlichkeit beobachtet. Die Entscheidung darüber, ob ein Rollenspiel gut gelöst wurde, ist eine Wechselwirkung von vielen Faktoren.

Die einleitende Frage „Wie kann ich Ihnen helfen?" ist grundsätzlich sehr freundlich und entgegenkommend. Aber, ist auch der Unterton freundlich, oder klingt er eher genervt? Lächelt der Flugbegleiter aufmunternd oder wirkt er eher angespannt und abweisend? Wendet sich auch der Körper dem Kunden zu, oder ist er schon auf dem Sprung zur nächsten Tätigkeit? Ist die Körpernähe zum Kunden angemessen, oder rückt der Flugbegleiter ihm zu vertraulich auf die Pelle? Ist der Flugbegleiter eine ansprechende, gepflegte Erscheinung oder schreckt er den Kunden mit seinen dunklen Augenringen und dem dicken Fleck auf dem Hemd ab?

Sie sehen: Eine Situation kann sehr viele Facetten haben.

So könnte ein Rollenspiel ablaufen

Im Folgenden finden Sie ein Rollenspiel-Gespräch, wie es stattgefunden haben könnte. Nach jeder Aussage eines Airline-Mitarbeiters, also des gespielten Fluggastes, können Sie sich eigene Gedanken machen, wie Sie wohl auf die Aussage reagiert hätten. In dem freien Feld darunter können Sie jeweils Notizen machen. Decken Sie am besten den Rest des Textes mit einem Blatt ab, damit Sie sich in Ihren Gedankengängen nicht beeinflussen lassen.

Überlegen Sie nach jeder vorgegebenen Antwort des Bewerbers, ob Sie dessen Antwort nachvollziehbar finden, was Sie anders gemacht hätten, was Sie gut finden.

(Alternative Reaktionen des Fluggastes finden Sie in kleinerer Schrift jeweils nach jeder Antwort. Diese stehen beispielhaft und haben keinen weiteren Einfluss auf das Gespräch.)

Wichtig: Es handelt sich um ein stark skizziertes Gespräch und stellt keine allgemeingültige Lösung dar; ein anderer Bewerber hätte das selbe Gespräch auf eine ganz andere Art und Weise befriedigend lösen können. Auch sind die Reaktionen des Fluggastes unkalkulierbar, jedes Gespräch verläuft anders.

Auch wichtig: Die zu beobachtenden Kriterien wie Gestik/Mimik/Auftreten/Verbindlichkeit/Freundlichkeit/Dominanzverhalten fließen normalerweise in die abschließende Beurteilung über den Verlauf des Gesprächs mit ein, werden hier jedoch nicht berücksichtigt.

Die Situation: Ein Fluggast macht sich gerade auf den Weg in die Business Class, um dort Platz zu nehmen. Er hat jedoch offensichtlich nur ein Economy-Class-Ticket. Sie vermuten, dass der Gast nun unberechtigt in die Business Class wechseln möchte. Ihre Aufgabe ist es nun, den Gast davon abzuhalten.

Bewerber (BW=Flugbegleiter): Entschuldigen Sie bitte, wie kann ich Ihnen helfen?

Airline-Mitarbeiter (AM=Fluggast): Ich habe gesehen, dass vorne noch so viele Plätze frei sind. Ich denke, es ist kein Problem, wenn ich mich jetzt nach vorne setze.

BW: Können Sie mir bitte kurz Ihre Bordkarte zeigen? (AM zeigt diese.) Es tut mir Leid, aber dies ist leider nicht möglich. Sie haben ein Ticket für die Economy Class, vorne befindet sich jedoch die Business Class. Ich bitte Sie um Verständnis.

AM: Es macht doch wohl keinen Unterschied, ob ich hier oder vorne sitze. Vorne ist mehr Platz, und Sie freuen sich doch sicher auch, wenn es hier hinten nicht so voll ist.

(Alternative AM: Ach, seien Sie nicht so, Ihnen gehört das Flugzeug schließlich nicht, Ihnen kann es doch egal sein!)

BW: Sie haben ein Ticket für die Economy Class gekauft, und deshalb ist ihr Sitzplatz dort. Ich kann Ihnen jedoch anbieten, ein Upgrade zu kaufen, d.h. Sie können jetzt den Preisunterschied zwischen den beiden Klassen bezahlen, dann können Sie gerne vorne Platz nehmen.

AM: Aber wieso soll ich mehr dafür bezahlen, wenn ich mit demselben Flugzeug fliege und so oder so ankomme?

(Alt AM: Ein Viertel des Fluges ist schon vorbei – müsste ich dann auch nur noch einen Teil des Differenzbetrages bezahlen?)

BW: Die Preiskalkulation für die Business Class ist eine andere, es liegt auch ein anderes Servicekonzept dahinter. Es ist so, als ob Sie die Wahl haben zwischen einer Hose von C&A und einer Hose von Boss. Beide Hosen sind zweckmäßig und halten die Beine warm, aber die vielleicht etwas schönere, bequemere, exklusivere Hose aus wertvolleren Stoffen kostet halt entsprechend mehr. Wie ich Ihnen bereits angeboten habe, Sie können den Aufpreis gerne jetzt bezahlen, und Sie können das Komfort-Angebot unserer Business-Class nutzen.

AM: Ob die Hose von Boss wirklich die bequemere ist, das wage ich zu bezweifeln.

(Alt AM: Sie kommen mir ganz schön besserwisserisch daher. Haben Sie mal Verkäufer gelernt? Ich hoffe doch sehr für Sie, dass Sie mal Anständiges gelernt haben.)

BW: Sie haben vorhin angedeutet, dass Ihnen der Platz hier zu eng ist. Ich biete Ihnen an, etwas weiter hinten Platz zu nehmen, da ist es etwas leerer. Dieser Platzwechsel wäre kostenfrei, versteht sich. Ich helfe Ihnen auch gerne mit Ihrer Garderobe und Ihrem Handgepäck.

AM: Na gut, dann gehe ich nach hinten. Da kann ich wenigstens mein Buch mal auf den Nachbarplatz legen.

Analyse: Der Gast stellt sich entweder dumm oder er hat nicht viel Flugerfahrung. In beiden Fällen darf sich der Flugbegleiter eine Belustigung/Verärgerung nicht anmerken lassen.

Der Bewerber versucht, Verständnis für den Gast zu zeigen, erklärt ihm, warum ein Platzwechsel nicht möglich ist, und bietet ihm Alternativen (Upgrade kaufen, Platz innerhalb der Economy Class wechseln). Am Ende bietet er ihm auch Hilfe beim Platzwechsel an. Dabei bleibt der Flugbegleiter ruhig und sachlich. (Das sollte der Flugbegleiter auch bleiben, wenn der Gast beleidigend werden sollte.)

Der Flugbegleiter verhielt sich regelorientiert, und hat sich nicht auf irgendwelche Deals eingelassen („Na dann nehmen Sie halt vorne Platz, aber passen Sie auf, dass der Purser Sie nicht sieht!"). Das wäre aus Kundensicht sicher wünschenswert, aber der Flugbegleiter darf nicht die Interessen der Airline und die der anderen Passagiere aus den Augen verlieren, und diese wiegen letztendlich höher als dieses spezielle Kundenanliegen.

Die Hilfe des Pursers wurde nicht in Anspruch genommen. Das zeigt, dass der Bewerber/Flugbegleiter genug Standing hatte und kreativ war, das Problem alleine zu lösen. Er zeigte zudem Initiative, brachte das Gespräch mit eigenen Vorschlägen voran und versuchte, eine Lösung zu finden.

Der Bewerber hatte vermutlich keine Idee, ob ein Upgrade-Kauf überhaupt möglich ist oder nicht. Dieser Gedanke kam ihm womöglich spontan. Auch die Aussage, dass im hinteren Bereich mehr Platz sei, war frei und spontan vom Bewerber erfunden. Solche Erfindungen von Seiten des Bewerbers sind völlig legitim.

Die zu bietenden Alternativen müssen – bei aller Phantasie – jedoch realistisch bleiben. Dem Gast eine Flasche Champagner zu versprechen, wenn er Ruhe gibt und sitzen bleibt, wäre ein Signal der Hilflosigkeit. Immerhin hatte der Gast keinen Schaden oder Verlust erlitten – im Gegenteil, der Gast wollte sich völlig ungerechtfertigt einen Vorteil verschaffen. Somit wäre ein Trost-Präsent in dieser Situation nicht angemessen. Man könnte es als Bestechung einstufen, damit der Gast endlich Ruhe gibt. Wenn andere Gäste eine solche Geste mitbekommen hätten, dann würden diese ebenfalls eine Flasche Champagner auf Kosten des Hauses ordern.

Weitere alternative Angebote an den Fluggast:

- ✓ Dem Gast zusätzlich eine Infobroschüre über die Business Class anbieten, damit er sich über die Produktunterschiede informieren kann und beim nächsten Mal vielleicht sogar Business bucht.
- ✓ Den Gast von den Vorteilen der Eco überzeugen (günstiger Preis, dennoch die Servicequalität und das Sicherheitsniveau einer renommierten Airline genießen; die Sitze in der Eco sind ganz neu und großzügiger bemessen als bei vielen anderen Airlines…).
- ✓ Ihm Tipps geben, wie er es sich in der Eco gemütlicher machen kann (z.B. durch die Flugzeugflure laufen, um sich die Beine zu vertreten, Dehnübungen machen, Sitzlehne zurücklegen, Kissen/Decke bringen lassen, Hinweis auf den baldigen Film/Getränkeservice geben, Tageszeitung als Lektüre anbieten).

Sie sehen, die Möglichkeiten sind sehr vielfältig.

Vermeiden Sie dabei möglichst Aussagen wie „so geht das aber nicht…“, „Sie müssen aber…“ und „die Vorschriften sind aber so…“.

<u>Gruppenübung</u>

Die Gruppenübung kann in verschiedenen Formen ablaufen. Sie bekommen eine kleine Aufgabe, die sie mit anderen Bewerbern bewältigen müssen; hier ein paar Beispiele:

- ✓ Stellen Sie die Weltsprache Esperanto mittels der Bastelartikel, die vor Ihnen liegen, gestalterisch dar!
- ✓ Fügen Sie dieses Puzzle zusammen!
- ✓ Schreiben Sie ein kleines Gedicht über den Alltag des Flugbegleiters!
- ✓ Basteln Sie eine Brücke oder einen Turm!
- ✓ Entwerfen Sie ein eigenes Logo für unsere Airline.
- ✓ Sie bekommen ein Rätsel, welches Sie gemeinsam mit der Gruppe lösen müssen.

Oftmals muss ein Gruppenmitglied anschließend das Ergebnis den anderen Gruppen oder dem Auswahlteam vorstellen.

Während der Gruppenübung wird Ihre Teamfähigkeit beobachtet, und wie Sie sich in der Gruppe einbringen. Hierbei werden folgende Aspekte bewertet:

- ✈ Bringen Sie das Ergebnis der Gruppe konstruktiv voran?
- ✈ Sind Sie in die Gruppe integriert und wird ihre Meinung respektiert?
- ✈ Binden Sie aktiv schwächere, ruhigere Gruppenmitglieder ein?
- ✈ Sind Sie ein echter Teamplayer?

Ein aktives Miteinander ist gefordert, so wie Sie es später auch an Bord unter Beweis stellen müssen.

Ein zu dominantes Auftreten ist genauso kritisch zu werten wie ein zu schüchternes.

<u>Gruppendiskussion</u>

Die Themen bei Gruppendiskussionen sind vielfältig, z.B.

- ✓ Vor- und Nachteile des Berufs Flugbegleiter.
- ✓ Serviceverständnis in Amerika im Vergleich zu Deutschland.
- ✓ Welche Kriterien machen einen guten Flugbegleiter aus?
- ✓ Wie definieren Sie einen guten Service?
- ✓ Einkaufen im Supermarkt oder im Tante-Emma-Laden?

Bei einer Gruppendiskussion wollen sich die Mitarbeiter der Airline versichern, dass Sie in der Gruppe einen rücksichtsvollen Umgangston ausüben und dass Sie Ihren (hoffentlich vernünftigen) Standpunkt angemessen vertreten können.

- ✈ Welche Rolle hatten Sie in der Gruppe?
- ✈ Haben Sie andere Meinungen berücksichtigt und einbezogen?
- ✈ Haben Sie sich genügend eingebracht?
- ✈ Haben Sie sich bei Widerstand verunsichern lassen?
- ✈ Waren Sie einsichtig oder stur?
- ✈ Hat sich Ihr Verhalten im Laufe der Diskussion verändert?
- ✈ Haben Sie eine eigene, vertretbare Meinung, die Sie angemessen und verständlich darstellen können?
- ✈ Ist Ihre Einstellung zu dem diskutierten Thema nachvollziehbar und vernünftig?

Ein zu forsches, dominantes oder zu schüchternes Auftreten ist kritisch zu werten.

Wiederholen Sie nicht nur die Argumente Ihrer Vorredner.

Eine laute Stimme, um ihre Argumente zu unterstreichen, sollten Sie vermeiden.

Sagen Sie nicht, dass die Meinung einer anderen Person falsch sei. Akzeptieren und respektieren Sie die Standpunkte der anderen Redner.

Lassen Sie die anderen Teilnehmer aussprechen.

Bei einer Diskussionen, die ‚Service' zum Inhalt hat, erfahren die Beobachter viel über Ihre Serviceeinstellung.

Englischtest

Die Bedeutung und Wichtigkeit der englischen Sprache im fliegerischen Alltag wurde im entsprechenden Kapitel bereits erläutert (siehe Kapitel Hard Facts, Sprachkenntnisse).

Der Englischtest soll Aufschluss über Ihre tatsächlichen Sprachkenntnisse geben. Die Messlatte ist von Airline zu Airline verschieden. So sollte eine gute Basis (AirBerlin), ein sehr guter Kenntnisstand (Lufthansa) oder verhandlungssicheres Englisch (easyJet) vorhanden sein. In keinem Fall muss das Englisch 100%ig perfekt sein.

Oft wird ein schriftlicher und ein mündlicher Englischtest durchgeführt.

Der schriftliche Test

Es gibt viele unterschiedliche Testvarianten für den schriftlichen Test.

Hier ein paar Beispiele:

✓ Beim Multiple-Choice-Test (Ankreuzen der Antwort) haben Sie die Chance, einen Teil der Antworten richtig zu erraten.

✓ Bei einem Lückentext müssen Sie das fehlende Wort einsetzen. Dieses ergibt sich aus dem Kontext oder nach Vorgabe der Grundform.

✓ Es kann auch vorkommen, dass Sie einen Aufsatz schreiben müssen (z.B. die Inhaltsangabe von Ihrem zuletzt gesehenen Kinofilm).

- ✓ Oder Sie bekommen einen Text auf Band vorgespielt, und Sie müssen hierzu schriftlich ein paar Fragen beantworten.

Der mündliche Test

Es kann jederzeit während des Auswahltages passieren, dass Sie aufgefordert werden, Englisch zu sprechen, also entweder bei der Vorstellungsrunde, bei der Gruppenübung, bei der Gruppendiskussion, im persönlichen Gespräch oder im Rollenspiel.

Um den Einstieg in die englische Sprache zu erleichtern, werden oftmals zunächst einfachere Fragen gestellt (z.B. „Where did you spend your last holidays?“).

Um in einen höheren Schwierigkeitsgrad zu wechseln, werden anspruchsvollere Fragen gestellt, wie z.B. „Why do you want to become a flight attendant?“ oder „Do you see any disadvantages in the job?“. Alle beispielhaft aufgeführten Fragen aus dem persönlichen Gespräch könnten auch auf Englisch erfolgen.

Stellen Sie sich darauf ein, dass das Airline-Personal die Fragen in deutscher Sprache stellen könnte.

Manchmal scheitert eine Bewerbung nur an zu geringen Englischkenntnissen. In diesem Fall erhalten Sie ein konkretes Feedback von den Airlines (sofern grundsätzlich Ihr Potential für den Beruf erkannt wurde) und es lohnt sich, das Englisch zu verbessern, um die zweite Bewerbungschance zu einem späteren Zeitpunkt zu nutzen.

Sonstige Tests

Manche Airlines überprüfen verschiedene andere Bereiche (in der Regel schriftlich).

Hier ein paar mögliche Themen:

- ✓ Allgemeinbildung

  Zu welcher Künstlervereinigung gehörte Franz Marc?

  Wofür steht die Abkürzung IHK?

Wie heißt der derzeitige Bundesumweltminister?

✓ Geografiekenntnisse

Wo befinden sich die Anden?

Wie heißt die Hauptstadt von Rumänien?

Welche Jahreszeit ist derzeit in Kanada?

✓ Ihr Gefühl für Zahlen

einfache Rechenaufgaben

Zinsrechnung

Dreisatz

✓ Schriftlicher psychologischer Test

Wenn Sie sich entscheiden müssten, wären Sie dann lieber Buchhalter oder Buchverkäufer?

Schreiben Sie drei Ihrer Schwächen auf!

Kreuzen Sie aus folgenden Eigenschaften diejenigen an, mit welchen Ihre Freunde Sie am ehesten beschreiben würden!

Lassen Sie sich nicht verunsichern, wenn Sie nicht alle Wissensfragen beantworten können.

Die Ergebnisse dieser Tests alleine sind nur selten ausschlaggebend für eine Ab- oder Zusage. Nur extrem gute Ergebnisse (Überqualifizierung? War der Test vorher bekannt?) oder schlechte Ergebnisse (Intelligenz? Schlechter Tag?) veranlassen die Airline-Mitarbeiter, deren abschließende Entscheidung zu überdenken.

Die Entscheidung

Nach dem Auswahltag kommt der große Moment: die Entscheidung, die voller Spannung erwartet wird.

Entweder Sie bekommen direkt am Ende des Auswahltages eine Rückmeldung, oder es kann bis zu zwei Wochen dauern. Die Nachricht erfolgt schriftlich oder telefonisch, zuweilen auch per Email.

Trotz formaler Entscheidungsrichtlinien wird jedes „Urteil" anders und individuell getroffen. Es ist ein Zusammenspiel von vielen Eindrücken:

> Wenn der Bewerber mit wilden, ungebändigten Haaren zum Vorstellungsgespräch kommt, und darüber hinaus noch nicht ausgereift, ja sogar etwas kindlich wirkt, so wird dies sicher nicht positiv aufgefasst. Wird dieser Umstand mit viel Charme, Warmherzigkeit und einer besonders ausgeprägten Serviceorientierung ausgeglichen, besteht dennoch die Chance, eine Zusage zu erhalten, weil vielleicht die Lernfähigkeit, Formbarkeit und das Entwicklungspotential des Bewerbers positiv gewertet werden.
>
> Sollte ein Bewerber durch ein gepflegtes, adrettes Äußeres und fließende Englischkenntnisse besonders angenehm auffallen, insgesamt jedoch sehr arrogant und abweisend wirken, kann dies zur Absage führen. Womöglich wird im Fall einer Absage eine Wandlung in absehbarer Zeit nicht erwartet.

<u>Die Absage</u>

Nur in den seltensten Fällen wird der Bewerber den wahren Grund für die Absage erfahren. Wilde Spekulationen werden nun angestellt, welche in alle Richtungen gehen.

In seltenen Fällen führt ein einziger Grund alleine zur Absage; eher ist es das Zusammenwirken von verschiedenen Faktoren (siehe oben).

Bitte stellen Sie die Auswahlkompetenz der Airline nach einer Absage nicht in Frage. Die Kollegen in der Auswahl verfügen über zum Teil langjährige Erfahrung auf dem Gebiet.

Versuchen Sie, selbstkritisch zu hinterfragen, woran es tatsächlich gelegen haben könnte. Bitte lesen Sie sich noch einmal die Kriterien in diesem Buch durch, und hinterfragen Sie jeden Punkt im Hinblick auf Ihr Bewerbungsgespräch und Ihre mögliche Außenwirkung.

Sollte diese Methode keine Aufschlüsse mit sich bringen, befragen Sie Freunde mit einem objektiven Urteilsvermögen um deren Meinung.

Die einzige Chance auf die Realisierung des Traums in Zukunft ist eine erneute Bewerbung zu einem späteren Zeitpunkt oder die Bewerbung bei einer anderen Airline. Sie sollten Geduld mit sich und der Umsetzung Ihres Traums haben.

Eine Absage bei der einen Airline bedeutet nicht, dass sich auch alle anderen Airlines gegen Sie entscheiden werden.

Falls es im Standard-Absageschreiben keinen Hinweis darauf gibt, fragen Sie am besten nach der Absage bei der jeweiligen Airline an, ob und wann eine erneute Bewerbung frühestens möglich ist.

Es wird empfohlen, sich frühestens nach einem Jahr bei derselben Airline wieder zu bewerben. Eine Bewerbung zu einem früheren Zeitpunkt lässt kein anderes Ergebnis erwarten.

Nutzen Sie die Zeit bis zur nächsten Bewerbung, um weiterhin Erfahrung zu sammeln und um sich mit dem Beruf auseinander zu setzen. Vielleicht klappt es mit der Bewerbung im zweiten, oder gar erst im dritten Anlauf.

Sollte es nach der dritten Einladung zum Auswahltag bei derselben Airline noch immer nicht klappen, akzeptieren Sie bitte, dass eine weitere, erneute Bewerbung bei dieser Airline nicht sinnvoll erscheint.

Grobe Verstöße im Bewerbungsverfahren oder im Bewerberverhalten können zur Folge haben, dass eine Wiederbewerbung zu einem späteren Zeitpunkt schon im Ansatz scheitert.

Die „Halbzusage“

Es kann vorkommen, dass die Airline durchaus die Eignung eines Bewerbers erkennt, sich aber dennoch nicht durchringen kann, dem Bewerber zum derzeitigen Zeitpunkt eine volle Zusage zu geben.

Womöglich war das Englisch oder Deutsch noch nicht ausreichend, oder die Serviceerfahrung/-einstellung hat noch nicht ganz überzeugt. In diesen Fällen bekommt der Bewerber eine konkrete Rückmeldung und damit einen Ansatzpunkt zur Verbesserung seiner Defizite.

Zu einem späteren Zeitpunkt kann der Bewerber erneut vorstellig werden, um die Behebung des Mangels unter Beweis zu stellen.

Wenn die Aussicht besteht, dass die Airline einen guten Flugbegleiter bekommen wird, so wird sie sich über eine zweite Bewerbung freuen. Ein solches Vorgehen stellt jedoch eher die Ausnahme dar.

Die Zusage

Der Traum wird wahr: Der Bewerber hat eine Zusage bekommen.

Nun haben Sie allen Grund zum Feiern. Herzlichen Glückwunsch! Eine aufregende Zeit steht Ihnen nun bevor.

Es wird Ihnen spätestens jetzt mitgeteilt, wie es weitergeht.

Mit etwas Glück bekommen Sie direkt einen Termin für einen Lehrgang mitgeteilt. Vielleicht müssen Sie sich noch ein paar Wochen/Monate gedulden, bis Sie endlich wissen, wann es konkret los geht.

Wenn eine Airline grundsätzlich mehrere Einsatzorte anbietet, kann es passieren, dass an dem einen Flughafen ein hoher Einstellungsbedarf besteht, an dem anderen keiner. Wenn Sie sich z.B. für den Flughafen Hamburg beworben haben, derzeit jedoch nur Einstellungsbedarf für Stuttgart gegeben ist, haben Sie zwei Möglichkeiten: Entweder Sie freunden sich ernsthaft mit einem Umzug nach Stuttgart an, oder Sie warten solange, bis der Bedarf für Hamburg wieder gegeben ist (Warteliste). Sie sollten in einem solchen Fall mit der Personalabteilung über mögliche Perspektiven sprechen und sich beraten lassen.

Überprüfen Sie spätestens jetzt, ob Ihr Reisepass noch mindestens ein Jahr gültig ist.

Die Flugtauglichkeitsuntersuchung

Nun gilt es, eine weitere Hürde zu nehmen: die Flugtauglichkeitsuntersuchung. Von ihr ist abhängig, ob Sie tatsächlich zur Schulung kommen dürfen. Eine Kündigung Ihres aktuellen Arbeitsplatzes sollten Sie idealerweise erst dann aussprechen, wenn Sie als flugtauglich gelten (siehe hierzu auch das Kapitel „Hard Facts, Allgemeine Gesundheit").

Schulung (oder Lehrgang)

Die Airlines schulen nur nach Bedarf und kalkulieren ihre Einstellungen so, dass alle Lehrgangsteilnehmer, die die Prüfungen bestehen, anschließend als Flugbegleiter übernommen werden.

Wenn es soweit ist, bekommen Sie rechtzeitig vor der Schulung genau mitgeteilt, wann Sie wo eintreffen sollen.

Sie erhalten oftmals vorab Schulungsunterlagen, die Sie bis Lehrgangsbeginn durchgearbeitet haben müssen. Die Lufthansa versendet „Reader" (Buch), bei der LTU oder Condor gibt es eine CD zum Selbststudium. Ein Test zu Beginn des Lehrgangs verrät, wie intensiv Sie sich mit den Schulungsunterlagen auseinandergesetzt haben.

Auch während der Schulung finden laufend Lernkontrollen statt. Diese müssen bestanden werden, um weiterhin an der Schulung teilnehmen zu können.

Bei Antritt der Schulung kann Ihnen niemand garantieren, ob Sie im Anschluss an die Schulung auch tatsächlich einen Fliegervertrag bekommen werden. Dies ist in der Regel vorgesehen, denn eine Ausbildung ist teuer und eine solche Investition erfolgt nur bei aussichtsreichen Kandidaten; dennoch kann unangemessenes persönliches Verhalten oder eine schlechte Leistung zu einem vorzeitigen Ende der Schulung führen.

Die Schulung muss komplett durchlaufen werden. Fehltage sind nur sehr schwer zu kompensieren, vor allem wenn sicherheitsrelevante Themen behandelt werden.

Die Schulung kann normalerweise nicht verkürzt werden, auch dann nicht, wenn Sie z.B. schon bei einer anderen Airline geflogen sind.

Der Inhalt der Schulung richtet sich zum Teil nach airline-internen Vorgaben (z.B. Servicephilosophie, Serviceablauf). Die sicherheitsrelevanten Bereiche sind durch gesetzliche Richtlinien (JAR – Joint Aviation Requirements) bei allen Airlines gleichermaßen festgelegt und beziehen sich auf den jeweiligen Flugzeugtyp.

Sie werden in der Grundschulung für ein oder zwei Flugzeugtypen geschult und bekommen mit Bestehen der Prüfungen die Lizenz, in diesen Flugzeugen zu arbeiten. Für jeden weiteren Flugzeugtyp ist eine erneute Einweisung erforderlich.

Die Grundschulung dauert zwischen 3 (E.A.E.) und 12 Wochen (Contact Air). In dieser Zeit erhalten Sie oftmals ein geringes Schulungsentgelt (sozialversicherungs- und steuerpflichtig), welches bis zu 410 Euro pro Monat (Contact Air) betragen kann. In einigen Fällen bekommen Sie kein Geld währenddessen (z.B. Germanwings) oder Sie müssen die Schulung gar selbst bezahlen oder vorlegen (z.B. RyanAir, Cirrus, Germania).

Neben dem geringen Verdienst müssen Sie sich oft auf eigene Kosten um eine Unterkunft vor Ort kümmern. Heimfahrten an freien Tagen gehen zu Ihren Lasten. Insofern empfiehlt es sich, ein kleines finanzielles Polster für die Zeit der Schulung zurückzulegen. Informieren Sie sich spätestens nach Erhalt der Zusage, mit welchen eigenen Kosten Sie vor und während des Lehrgangs rechnen müssen.

Lesen Sie sich den Schulungsvertrag vor Lehrgangsantritt gut durch (z.B. wegen einer eventuellen Vertragsstrafe bei vorzeitiger Beendigung des Arbeitsvertrages vor Ablauf einer fest vereinbarten Zeit).

Folgende Checkliste sollten Sie für Ihre eigene finanzielle Planung abklären:

- Müssen Sie das Medical selber bezahlen, ggf. mit welchen Arztkosten müssen Sie rechnen? Bekommen Sie die Anreise zum Fliegerarzt bezahlt?
- Erhalten Sie eine Ausbildungsvergütung während der Schulung? Falls ja, wie hoch ist sie?
- Oder müssen Sie die Ausbildung selber bezahlen?
- Bekommen Sie die An- und Rückreise zum Schulungsort erstattet (sollte er nicht mit Ihrem späteren Einsatzort identisch sein)?
- Bekommen Sie evtl. Heimfahrten während der Schulung bezahlt?
- Müssen Sie sich um eine eigene Wohnmöglichkeit kümmern, oder wird Ihnen Wohnraum zur Verfügung gestellt? Müssen Sie für die Kosten der Unterkunft/Verpflegung selber aufkommen?
- Ab wann bekommen Sie Ihr volles Fliegergehalt?
- Verpflichten Sie sich mit Ihrer Unterschrift für eine bestimmte Zeit?
- Bekommen Sie einen Teil der Schulungs-/Medicalkosten nach einer bestimmten Dauer der Firmenzugehörigkeit zurück?
- Müssen Sie die Uniform komplett oder zum Teil selbst bezahlen oder bekommen Sie diese gestellt?

Verdienstmöglichkeiten

Es gibt keine deutsche Airline, bei der Sie nach Ihrem Einstieg als Großverdiener gelten. Die Einstiegsgrundvergütungen sind im Laufe der Jahre relativ zur allgemeinen Kostensteigerung tendenziell niedriger geworden.

Zum Vergleich: In einer Broschüre von 1988 offeriert Lufthansa im 1. Beschäftigungsjahr 2.607 DM monatlich (entspricht 1.333 Euro); heute, 19 Jahre später, beträgt die Einstiegsvergütung 1.383,75 Euro. Für die Schulung bekam man damals 750 DM (entspricht 383 Euro) pro Monat, heute sind es 380 Euro. (Quellen: Broschüre Erscheinungsdatum 11.7.88, Internet im Juni 07)

Die „Nebeneinkünfte“ sind jedoch recht attraktiv, insofern kann man sich am Ende des Monats auf entsprechende variable Gehaltsbestandteile freuen. Neben dem Grundverdienst (von 800 bis 1.500 Euro brutto) kommen noch Spesen, Mehrflugstunden, Bordverkaufsprovisionen, zum Teil steuerfreie Schichtzulagen und sonstige Auszahlungen hinzu. Bedenken Sie, dass Sie einen Teil der Gelder nicht erhalten, wenn Sie krank werden oder Urlaub haben. So können Sie sich am Ende des Monats auf ein durchschnittliches Nettogehalt (inkl. Nebeneinkünfte) zwischen 1.000 und 1.500 Euro freuen (manchmal auch mehr, Angaben absolut unverbindlich).

Ein Teil des Geldes, vor allem die Spesen, wird durch die erhöhten Kosten während eines Aufenthaltes außerhalb Ihres Heimatflughafens aufgebraucht. Dann hängt es von Ihnen ab, ob Sie sich in Rom ein Vier-Gang-Menü gönnen, oder ob Ihnen ein nettes Picknick mit Brötchen, Tomate, Mozzarella und Cola genügt. Die Übernachtungskosten im dienstlichen Übernachtungsort müssen Sie jedoch nicht bezahlen – hierfür kommt Ihre Airline auf.

Flugbegleiter ist ein Serviceberuf, bei dem die Verdienstmöglichkeiten am Anfang nicht sehr gut erscheinen. Sie verdienen vergleichbar mit einer Tätigkeit in einem Restaurant oder in einem Hotel.

Für eine 19jährige Schulabgängerin ist der Verdienst attraktiv; für eine 32jährige Bankangestellte wird die finanzielle Einschränkung gravierend sein. Auch muss diese Bankangestellte damit klar kommen, dass sie trotz elf Jahre qualifizierter Berufserfahrung dasselbe verdient, wie das junge Mädchen. Da gibt es kaum Verhandlungsspielräume!

Die Höhe der Einstiegsvergütung richtet sich demnach nicht nach Berufsjahren, -erfahrung, Studium oder Alter, wie bei anderen Unternehmen üblich. Alle Neueinsteiger werden gleich behandelt. Schließlich muss ein 32jähriger Quereinsteiger nach dem Flugbegleiter-Lehrgang dieselben Aufgaben an Bord verrichten wie ein 19jähriger.

Uniform

Die Regelung bezüglich der Kosten für die Uniform werden unterschiedlich gehandhabt. Bei Lufthansa (Festvertrag) beispielsweise wird monatlich ein geringes Kleidergeld vom Gehalt einbehalten, bei AirBerlin wird die Uniform (die übrigens von Jette Joop entworfen wurde) komplett gestellt.

Schuhe und Strümpfe sind nicht Bestandteil der gestellten Uniform, müssen sich trotz privater Anschaffung selbstverständlich an der Kleiderordnung der Airline orientieren. Diese Ordnung (Welche Anforderungen müssen die Uniformschuhe erfüllen? Welche privaten Accessoires dürfen Sie zu Ihrer Uniform tragen?) erfahren Sie in Ihrem Lehrgang.

Zeitverträge

Der Trend im Airlinegeschäft geht in Richtung Flexibilisierung und Verringerung der Personalkosten. Das hat zur Folge, dass zunehmend Zeitverträge bei der Ersteinstellung vergeben werden, die nach Ablauf der Befristung (zwischen 6, Lufthansa Modell C, und 36 Monate, RyanAir) je nach Bedarf und Eignung verlängert oder erneuert werden können, oder es kommt zur unbefristeten Festeinstellung.

Generelle Informationen zur Befristung von Arbeitsverträgen finden Sie im Teilzeit- und Befristungsgesetz (TzBfG, 3. Abschnitt, §§14-21).

Bewerber, die z.B. aufgrund eines Studiums sowieso nur mit einem Zeitvertrag liebäugeln, werden auch unter dem Aspekt ausgewählt, ob Sie für eine spätere Saison noch einmal zur Verfügung stehen können/ wollen. Signalisiert ein Bewerber, dass er lediglich für 6 Monate fliegen möchte, wird auch zwangsläufig die Frage nach dessen Motivation aufkommen.

Wechsel der Airline

Wenn Sie die Airline wechseln möchten, müssen Sie im Normalfall trotz jahrelanger Flugbegleitererfahrung das volle Schulungsprogramm der neuen Airline durchlaufen, da jede Airline eigene Ausbildungsschwerpunkte (z.B. Philosophie, Servicekonzept, Flugzeugtypen) hat.

4 Schlussbetrachtungen

Noch ein paar Anmerkungen zum Schluss. Vielleicht finden Sie hier eigene Bedenken wieder oder bekommen ein paar Denkanstöße.

Lassen Sie sich dadurch die Begeisterung für den Beruf nicht nehmen, aber es hilft Ihnen vielleicht, den einen oder anderen Sachverhalt realistischer zu betrachten, um später besser damit umgehen zu können.

Die Sicherheit an Bord

Neben der Gastgeberrolle, verbunden mit einem guten Service, spielen die Sicherheitsaspekte an Bord eine sehr wichtige Rolle. Sie als Flugbegleiter sind mitverantwortlich für die Sicherheit an Bord. Die sicherheitsrelevanten Punkte werden Ihnen in der Schulung zum Flugbegleiter mit auf den Weg gegeben, so lernen Sie zum Beispiel, wie Sie in Notfallsituationen reagieren, wie Sie die Notrutschen aktivieren und die Schlauchboote einsetzen oder die Feuerlöscher richtig bedienen. Damit es gar nicht erst so weit kommt, erfahren Sie auch, wie Gefahrensituationen vermieden werden können.

Es geht also nicht nur darum, den Passagieren am Anfang des Fluges die Leuchtstreifen, die zu den Notausgängen führen, nahe zu legen, sondern auch die „unsichtbaren“ Richtlinien zu kennen und zu beherrschen, z.B. die Besetzung des Notausganges.

Es gibt jährliche Nachschulungen, um das Wissen zu festigen und zu erweitern. Ohne diese Nachschulungen würden die Fluglizenzen verfallen. Diese erhalten Sie erstmalig mit der erfolgreichen Absolvierung eines Flugbegleiterlehrgangs und beziehen sich auf bestimmte Flugzeugtypen. Um auf anderen Flugzeugtypen eingesetzt werden zu können, muss eine spezifische Schulung vorangehen.

Von der Häufigkeit und der Güte der Wartung der Flugzeuge hängt natürlich auch ab, wie zuverlässig und sicher die Maschinen der Airlines sind. Die gesetzlich vorgeschriebenen Sicherheitsstandards in Deutschland sind sehr hoch und werden streng überwacht.

Es kann davon ausgegangen werden, dass alle Airlines in Deutschland den hohen Sicherheitsstandards entsprechen.

Für den Flugbegleiter ist die Fahrt mit dem Auto zum Flughafen ungleich gefährlicher als der Flug selbst.

Terror

Die Entführung der Lufthansa-Maschine „Landshut" (1977), die Explosion einer PanAm-Maschine über dem britischen Lockerbie (1988) und die Terroranschläge vom 11. September 2001 in New York und Washington sind noch heute unfassbar.

Die Angst vor dem Fliegen hat nach dem 11. September 2001 die größte Krise in der Airlinebranche verursacht. Danach wurden die ohnehin strengen Kontrollen an Flughäfen weiter verschärft.

Terror an Bord ist und bleibt ein Albtraum.

Lassen Sie sich deshalb nicht verunsichern, Ihren Traumberuf zu ergreifen, nicht zuletzt deshalb, um sich dem Terror nicht zu beugen.

Sie werden im Rahmen von Sonderschulungen darauf vorbereitet, wie man sich im Fall von Terror an Bord verhalten soll.

Wahrscheinlicher ist es übrigens, irgendwo am Boden im Alltag Opfer eines Anschlages oder eines Raubüberfalls zu werden.

Die wirtschaftliche Situation der Airlines

Die Flugbranche gilt nach wie vor als boomender Bereich, dem hohe Wachstumszahlen vorausgesagt werden. Jedoch ist die Branche auch sehr anfällig für die Auswirkungen von externen Faktoren. So wurde der Wachstumstrend Anfang der 90er Jahre durch die Golfkrise gebremst; zuletzt durch die Folgen der Anschläge des 11. September 2001. Dies wurde durch den Irak-Krieg und die Lungenseuche SARS (die heute fast schon wieder vergessen ist) noch verschärft. Die sinkenden Passagierzahlen verursachten einen enormen Kostendruck, auch infolge der Marktdurchdringung der sogenannten Billigflieger. Steigende Erdölpreise belasteten zusätzlich. Besonders amerikanische

Airlines verzeichneten dramatische Umsatz- und Gewinneinbrüche. So stand die weltweit größte Airline American Airlines Anfang 2003 kurz vor der Insolvenz, US Airways musste innerhalb der letzten Jahre sogar zweimal Insolvenz anmelden. Im Jahr 2005 standen auch Delta und Northwest (die Nr. 3 und 4 in Amerika) kurz vor dem Konkurs.

Es kommen auch Meldungen über Airlinepleiten aus Deutschland. AeroLloyd war Ende 2003 ein prominentes Opfer; die Nachfolgefirma Aeroflight musste im November 2005 ebenfalls Insolvenz anmelden und fliegt seitdem nicht mehr.

Die Zeichen für einen Aufwärtstrend stehen weiterhin gut. Lufthansa vermeldete für 2006 einen Rekordgewinn und einen Passagierrekord.

Die Airlinebranche bleibt trotz guter Prognosen ein labiles Gefüge. Ein schwerer Terroranschlag, eine weitere Erhöhung der Ölpreise, ein neuer Krieg im Krisengebiet Naher Osten oder das Ausbrechen von Seuchen (zuletzt aktuell: die Vogelgrippe) könnten abermals Umsatzeinbrüche bewirken. Solche Faktoren bleiben unternehmerisches Risiko, und davor sind auch andere Branchen nicht gewappnet.

Der Kollegenkreis

Während Sie bei großen Airlines (alleine Lufthansa hat fast 15.000 Flugbegleiter!) praktisch bei jedem Einsatz mit neuen Gesichtern zusammenarbeiten, geht es bei kleineren Airlines etwas familiärer zu. Beides hat seine Vor- und Nachteile, vor allem wenn es um die Zusammenarbeit mit unliebsamen oder gern gesehenen Kollegen geht.

Mit wie vielen Kollegen Sie an Bord zusammenarbeiten, hängt von der Flugzeuggröße (genauer: Anzahl der Notausgänge) und der Anzahl der Passagiere (Faustregel: mindestens 1 Flugbegleiter auf 50 Passagiere) ab. Die Zahl der Flugbegleiter an Bord kann somit zwischen 1 und 20 (Großraumjet) variieren.

Sie stehen bei Ihrer Arbeit ständig unter Beobachtung, sei es durch Ihre Kollegen oder durch die Passagiere. Nie sind Sie wirklich alleine und haben wenig Privatsphäre am Arbeitsplatz.

Arbeitsklima an Bord

Das Arbeitsklima an Bord der verschiedenen Airlines wird sehr unterschiedlich empfunden: „Die große Anonymität an Bord wegen ständig wechselnder Kollegen belastet mich!“, „Mir fehlt ein Betriebsrat, der meine Interessen gegenüber der Geschäftsleitung vertritt!“, „Ich fühle mich schlichtweg ausgenutzt!“ sind Äußerungen, die man häufig hört. Auf der anderen Seite gibt es Kollegen, die gerade die große Anonymität an Bord schätzen, andere Angestellte fühlen sich durch Betriebsräte ausgebremst oder blühen erst dann bei ihrer Arbeit auf, wenn sie so richtig gefordert werden.

Die meisten Äußerungen sind subjektiv gefärbt und eine Medaille hat immer zwei Seiten. Leider sind es vorwiegend die schlechten Meinungen, die den Weg in die Öffentlichkeit finden. Das heißt nicht, dass es nicht auch positive gibt – sie finden nur weniger Beachtung.

Ob Sie sich bei einer Airline wohl fühlen, hängt u.a. davon ab, welche eigenen Erwartungen Sie haben, welche Wertschätzung Sie sich wünschen oder was Sie bereit sind zu geben.

Nichts ersetzt die eigene Erfahrung. Viel über die Airline erfahren Sie beim Auswahltag, wo sich diese (natürlich positiv) repräsentiert. Versuchen Sie, zwischen den Zeilen zu hören und machen Sie sich Ihr eigenes Bild. Hören Sie auf Ihr Bauchgefühl!

Fliegen und Strahlung

Mit jedem Flug wird der menschliche Organismus ionisierenden kosmischen Strahlen ausgesetzt. Vergleichbar damit sind ein paar Röntgenaufnahmen pro Jahr. Dies kann zu einem erhöhten Krebsrisiko führen, muss aber nicht. Die Belastung pro Jahr erreicht selten kritische Grenzwerte. Persönliche Strahlenkonten helfen bei der Erfassung der Strahlenbelastung.

Für das ungeborene Kind kann eine solche Strahlenbelastung negative Folgen haben, vor allem in der Phase, in der sich die Organe herausbilden. Zum Schutz des Fötus‘ werden Flugbegleiterinnen sofort an den Boden versetzt, sobald eine Schwangerschaft festgestellt wird.

Altersvorsorge

Für viele ist Flugbegleiter von Anbeginn an nur ein Job für ein paar Jahre. Nicht wenige kommen von der Fliegerei nicht mehr los und fliegen ein (Flieger-)Leben lang.

Bei Lufthansa fliegt man, bis das 55. Lebensjahr vollendet wurde. Unter Umständen kann der Vertrag dann bis zum 60. Geburtstag verlängern werden. Bei anderen Airlines können Sie bis zum regulären Rentenalter fliegen.

Falls Sie sich schon vor Erreichen des gesetzlichen Rentenalters zur Ruhe setzen, erhalten Sie noch keine Leistung aus der gesetzlichen Rentenversicherung (frühestens ab 63 Jahre, spätestens mit 65, bzw. 67). Daher gilt es, eine Lücke zu schließen. In der Zeit zwischen Beendigung des aktiven Fliegerlebens und Erhalt der Rente aus der gesetzlichen Rentenversicherung erhalten Sie idealerweise eine Übergangsversorgung, für die Sie schon während Ihrer aktiven Fliegerzeit einzahlen. Eine zusätzliche, private Vorsorge ist in jedem Fall sinnvoll. Vereinbaren Sie in Ihrem eigenen Interesse nach Beginn der fliegerischen Tätigkeit einen Termin mit einem Berater.

In manchen Unternehmen wird der Flugbegleiterbedarf zum großen Teil aus Flugbegleitern mit Zeitverträgen gedeckt. Festverträge werden immer seltener vergeben. Die Planungssicherheit für das eigene Leben ist daher generell nicht gegeben.

Berufsunfähigkeit durch Fluguntauglichkeit

Nun kann es passieren, dass Sie schon vorzeitig den fliegerischen Dienst infolge von Fluguntauglichkeit aufgeben müssen, was – laut Arbeitsvertrag – zur sofortigen Beendigung des Arbeitsverhältnisses führt.

Je nach Größe des Unternehmens können Sie nach Eintritt einer Fluguntauglichkeit intern auf eine andere Stelle versetzt werden. Dies wäre ein freiwilliges Angebot des Arbeitgebers, auf welches Sie keinen Rechtsanspruch begründen können, und nicht immer findet sich eine passende Stelle für den ausscheidenden Flugbegleiter.

Die Möglichkeiten zur internen Weitervermittlung hängen von Ihrer Vorbildung, Qualifikation und Flexibilität ab, jedoch auch davon, ob überhaupt interne Stellen zu besetzen sind. Je besser Sie qualifiziert sind, desto leichter wird es sein, eine Bodentätigkeit zu finden.

Im schlimmsten Fall verlieren Sie als fluguntauglicher Flugbegleiter nicht nur Ihren Arbeitsplatz, sondern auch Ihren Arbeitgeber. Oft stehen solche Flugbegleiter vor einem großen Problem, besonders dann, wenn sie auf keine anderen Berufserfahrungen zurückgreifen können.

Die finanzielle Unterstützung, die der Flugbegleiter für die schwierige bevorstehende Zeit erhält, sieht dann ganz unterschiedlich aus und hängt von verschiedenen Faktoren ab: Hat das Unternehmen für Sie eine Versicherung abgeschlossen? Wie viele Dienstjahre haben Sie bereits geleistet? Haben Sie eine private Vorsorge getroffen?

Sie sollten sich gleich zu Beginn der fliegerischen Tätigkeit mit diesen Fragen auseinander setzen, sofern Sie vorhaben, diesen Beruf über eine längere Zeit hinweg auszuüben. Die Beratung durch einen Fachmann ist ratsam. Fragen Sie im Personalbüro Ihres neuen Arbeitgebers nach einem Ansprechpartner.

Wenn Sie fluguntauglich sind, heißt das noch lange nicht, dass Sie generell berufsunfähig sind. Eine andere Tätigkeit kann Ihnen im Rahmen Ihrer Möglichkeiten zugemutet werden.

Eine Umschulung wird von der Agentur für Arbeit nach individueller Prüfung grundsätzlich nur dann unterstützt, wenn Sie bereits eine abgeschlossene Ausbildung vorweisen können.

Familie und Freundeskreis

Die Kollegen wechseln ständig, und Sie sehen einen Kunden kaum ein zweites Mal, Sie sind oft tagelang unterwegs. Sie haben im Berufsleben keine feste Bezugsperson und keinen festen Bezugsort. Die psychischen und körperlichen Belastungen sind sehr hoch.

Sehr wichtig ist dabei, dass Sie eine Familie haben, die Sie bei Ihrem Beruf als Flugbegleiter voll und ganz unterstützt. Hierfür müssen Sie das Glück haben, den richtigen Partner zu haben, der es völlig in

Ordnung findet, wenn Sie tagelang unterwegs sind und der Ihnen einen genügenden Halt und den ruhenden Pol im Leben bietet.

Viele Lebenspartner sind den ständigen Trennungen nicht gewachsen, werden eifersüchtig und die Beziehung beginnt zu kriseln. Aufgrund der Vielzahl neuer Bekanntschaften jeden Tag ist die Versuchung bei Flugbegleitern, dem Charme einer neuen Bekanntschaft zu erliegen, zweifelsohne größer als bei vielen anderen Berufen. (Bei manchem Flugbegleiter ist gerade dieser Umstand vielleicht sogar erwünscht...)

Nicht nur Ihr Partner muss lernen, mit diesen Trennungen zu leben, auch Sie selbst müssen damit klar kommen. Könnte es ein Problem für Sie sein, abends alleine in einem Hotelzimmer in einer fremden Stadt zu liegen, obwohl Sie sich eigentlich wünschen, lieber beim Partner zu sein? Kommen Sie damit klar, sich unterwegs schon wieder die Lebensgeschichte einer neuen Kollegin anhören zu müssen, anstatt zu Hause Ihrem Kind bei den Hausaufgaben helfen zu können? Sie bekommen die kleinen Ereignisse des Alltags aus der Schule Ihrer Kinder nicht regelmäßig mit. Zu wem gehen Ihre Kinder, wenn sie den ersten Liebeskummer haben? Mit wem spricht Ihr Partner, wenn es im Geschäft nicht rund läuft?

Durch Ihre häufige Abwesenheit grenzen Sie sich zwangsläufig zu Hause etwas aus. Sie und Ihre Familie müssen lernen, Prioritäten zu setzen und sich mit diesen zu arrangieren, um Unzufriedenheiten vorzubeugen.

Ältere Bewerber

Immer mehr ältere Bewerber möchten ihren Traumberuf realisieren, noch bevor es zu spät ist und Altersgrenzen überschritten werden.

Ältere Einsteiger müssen für sich ein paar Fakten akzeptieren, über welche sie sich im Vorfeld Gedanken machen sollten: Der 40jährige Flugbegleiteranwärter hebt das Durchschnittsalter eines Flugbegleiterlehrgangs, womit er den Status des „Lehrgangsgruftis“ erhalten könnte – was durchaus liebevoll gemeint sein kann.

Er beginnt mit dem selben Gehalt wie der 18jährige, der frisch von der Schule kommt. Die Richtlinien für die Gehaltsentwicklung sind für alle Flugbegleiter gleich.

Es kann vorkommen, dass er sich in Zukunft an Bord den Weisungen von Vorgesetzten unterordnen muss, die beinahe das Alter und die Lebenserfahrung seiner Kinder haben.

Die spätere Rückkehr in einen „bodenständigen" Beruf könnte aufgrund des fortgeschrittenen Alters problematisch verlaufen.

Es ist eine Bereicherung für eine Airline, lebenserfahrenere Bewerber einzustellen. Erfahrenere Bewerber wissen ihre Arbeit später an Bord oft ganz anders zu schätzen als ein Flugbegleiter, der mit 18 Jahren eingestiegen ist und kaum etwas anderes kennen gelernt hat. Der etwas reifere Kollege kann als wohltuender Ruhepol im Team anerkannt werden und manche Dinge aufgrund der langjährigen externen Erfahrung vielleicht ein bisschen neutraler beurteilen.

Überqualifizierte Bewerber

Es ist nachvollziehbar, wenn ein Bewerber nach vielen Jahren der hochkomplexen Arbeitsanforderungen als Abteilungsleiter, Doktor der Geisteswissenschaften oder Beamter den Ausstieg sucht. Einfach mal was anderes tun, eine einfache Arbeit, bei der Sie am Abend nach Hause gehen und sich keine Gedanken mehr über Personalgespräche, Studien oder Aktenstapel machen müssen.

Der Beruf des Flugbegleiters ist verlockend anders!

Bedenken Sie dabei folgendes: Wird Sie der Beruf auch noch nach vielen Monaten glücklich machen? Der Flugbegleiterberuf ist nicht nur aufregend, sondern wird gerade beim starren Serviceablauf als recht monoton empfunden, wobei wenig Eigenkreativität gefragt ist.

Ist der Service eine wahre Motivation für Sie, oder eher der Ausstieg aus dem stressigen Alltag? Ist es Ihre Berufung, sich am Tag zig Male zu bücken, um alle Gäste mit Speisen und Getränken zu erfreuen? Können Sie sich von der Rolle des Vorgesetzten oder des Machers verabschieden, um zum „Fußvolk" zurückzukehren? Können Sie mit den starken Gehaltseinbußen dennoch Ihren Lebensstandard und die Versorgung Ihrer Familie sicherstellen?

Wenn Sie bei der Beantwortung all dieser Fragen mit sich selbst im Reinen sind, dann gilt es nur noch, die Mitarbeiter der Airline von Ihrer Motivation zu überzeugen. Das wird bestimmt schwieriger als bei einem Bewerber, der direkt von der Hotelrezeption kommt. Mit einem Hochschulstudium sind Sie zwar in Ihrem Beruf sehr gut qualifiziert, jedoch nicht für den Beruf des Flugbegleiters. Joberfahrungen im klassischen Servicebereich, die Sie nebenbei gesammelt haben, werden hier von Vorteil sein.

Ein „höher qualifizierter" Einstieg als Flugbegleiter – etwa gleich als Purser – ist ohne Flugerfahrung nicht möglich. Jeder Neueinsteiger fängt auf der gleichen Hierarchiestufe an.

Die Airline-Mitarbeiter möchten sich für einen Mitarbeiter entscheiden, der für längere Zeit zur Verfügung steht und der auch noch nach vielen Monaten und Jahren voraussichtlich Spaß an der Arbeit haben wird. Das Airline-Personal könnte Sie z.B. fragen:

- Warum möchten Sie erst jetzt Flugbegleiter werden?
- Wieso möchten Sie Ihren mühsam erlernten Beruf aufgeben?
- Wie kämen Sie mit dem niedrigeren Verdienst zurecht?
- Wo möchten Sie in fünf Jahren stehen?

Im Team der aktiven Flugbegleiter gibt es einige Akademiker, sogar Doktoren!

Fehlqualifizierte Bewerber

Oft scheitern fehl- oder überqualifizierte Bewerber bereits in der Vorauswahl. Wenn Sie jahrelang in einem Beruf gearbeitet haben, in dem Sie sehr wenig Kundenkontakte (z.B. Buchhalter, Kfz-Mechaniker in der Werkstatt, Straßenbauer) hatten, bietet diese Basis eine ungünstigere Voraussetzung für eine erfolgreiche Bewerbung.

Nebenjobs im Servicebereich wären hier von Vorteil.

Sie werden es schwer haben, die Airline-Mitarbeiter von Ihrer Qualifikation bei der Vorauswahl zu überzeugen, es ist aber nicht aussichtslos. Es kann sich lohnen, sich besonders viel Mühe mit dem Anschreiben zu geben, und eine Beschreibung des Servicecharakters der derzeitigen Tätigkeit ist hilfreich.

Mitarbeiter aus dem Handwerk, der Industrie oder dem Büro können warmherzige, serviceorientierte und kontaktstarke Persönlichkeiten sein, ebenso wie Mitarbeiter aus klassischen Serviceberufen kalt, unfreundlich und abweisend sein können.

Die Persönlichkeit entscheidet letztendlich über eine mögliche Einstellung zum Flugbegleiter.

Arbeitnehmervertretungen

Das Onlineportal der Vereinten Dienstleistungsgewerkschaft ver.di speziell für die Kabine finden Sie unter www.cabin-power.de.

Als Gewerkschaft organisiert hat sich die „Unabhängige Flugbegleiterorganisation“ (UFO). Nähere Informationen darüber erhalten Sie im Internet unter www.ufo-online.com.

Bei KabineKlar handelt es sich um eine recht junge Organisation (www.KabineKlar.de).

5 Übersicht Airlines in alfabetischer Reihenfolge

Auf den folgenden Seite finden Sie eine Zusammenstellung der wichtigsten Einstellungsvoraussetzungen der meisten Airlines, die in Deutschland tätig sind oder eine Basis in Deutschland anbieten. Ausgenommen sind sehr kleine Airlines aus dem Bereich Executive Fliegerei (z.B. Comfort Air, EBAS International, Windrose Air), die nur sehr sporadisch einstellen und oft kein standardisiertes Anforderungsprofil haben. Ausländische Airlines (z.B. Austrian, www.aua.com) wurden aufgrund der Vielzahl ebenfalls nicht berücksichtigt, stellen für den flexiblen Bewerber jedoch durchaus eine Bewerbungsalternative dar. Einige ausländische Airlines mit Link finden Sie auf der Internetseite www.traumberuf-flugbegleiter.de.

Eine Gewähr kann die Autorin für die Angaben, die nach bestem Wissen und Gewissen und aufgrund umfangreicher Recherchen zusammengestellt wurden, nicht übernehmen, ebenso für Druckfehler.

Die Airlines nutzen inzwischen hauptsächlich das Internet als Rekrutierungsplattform. Bitte informieren Sie sich auf der Homepage der Airlines, ob es Einstellungsbedarf gibt und wie Sie sich bewerben können (schriftlich, Bewerbungs-Onlineformular oder per Email).

Bei aktuellem, hohen Einstellungsbedarf erscheint – falls voraussichtlich nicht genügend Bewerber über das Internet rekrutiert werden können – eine Anzeige in der regionalen Presse.

Manche Airlines haben ständig das Anforderungsprofil (z.B. Lufthansa, CityLine) auf deren Homepage veröffentlicht, auch wenn derzeit kein Bedarf besteht. Andere Airlines stellen das Profil erst dann online, wenn Einstellungsbedarf gegeben ist. Nur wenn das Flugbegleiterprofil permanent hinterlegt ist, wird in den folgenden Airline-Tabellen unter „Flugbegleiter-Info“ darauf hingewiesen.

Das Layout, die Linkbezeichnungen und die Verlinkungen der Internetseiten können sich jederzeit ändern, wodurch ein in diesem Buch beschriebener Pfad nicht mehr zutreffen könnte, wenn Sie ihn einige Monate nach Verfassung des Buches nachverfolgen möchten.

Bitte lesen Sie vor Ihrer Bewerbung aufmerksam das aktuelle Anforderungsprofil der jeweiligen Airline durch, da sich auch dieses jederzeit ändern kann.

Bei allen deutschen Airlines gilt, dass Englisch und Deutsch Einstellungsvoraussetzungen darstellen.

Information aus erster Hand

Nur die offizielle Homepage oder die Mitarbeiter der Airlines können Ihnen eine verbindliche Auskunft über das aktuelle Einstellungsverfahren oder das Anforderungsprofil geben. Es obliegt den Airlines, jederzeit Änderungen vorzunehmen.

Sie können sich auch auf airline-fremden Homepages oder in Internet-Foren allgemein informieren, verlässlich sind solche Informationsquellen oftmals nicht.

Die Kontaktaufnahme mit den Airlines

Hier noch ein Hinweis zum Kontaktieren von Airlines, wenn Sie spezifische Fragen zu Ihrer Bewerbung haben:

Die Mitarbeiter der Airlines erfahren ein großes Interesse von Seiten der Bewerber. Das erfreut das Airline Personal sehr, jedoch führt dies zu einem sehr hohen Telefon- und Email-Aufkommen. Haben Sie bitte Verständnis, wenn der Kontakt nicht auf Anhieb zu Ihrer Zufriedenheit klappt; bei Email-Anfragen kann es sogar passieren, dass Sie keine eine Antwort erhalten. Probieren Sie es einfach später noch einmal.

Wie lesen Sie die Tabellen?

Name der Airline ▸ Querverweis auf Erwähnungen in diesem Buch (Seitenangabe)

Name der Airline, Verwaltungssitz ggf. zentrale Telefonnummer	
Homepage	der Link zur offiziellen Airline-Homepage
Flugbegleiter-Info	die Navigation zur Flugbegleiter-Information auf der offiziellen Homepage, falls dauerhaft (unabhängig vom Bedarf) abrufbar
Bewerbungs-adresse, Telefon, Email	Bewerbungsadresse; beachten Sie in jedem Fall auch die aktuellen Hinweise auf der Homepage. (Ggfl. finden Sie hier die Navigation zu den allgemeinen Karriereseiten der Airline.) ggf. Telefonnummer und Email-Adresse
Größe, Damen	Hinweise zur Körpergröße bei Damen
Größe, Herren	Hinweise zur Körpergröße bei Herren
Besonderheiten	allgemeine Hinweise, die für Ihre Bewerbung von Interesse sein könnten.
Einsatzflughäfen	Flughäfen, an denen Flugbegleiter stationiert werden können.
Flugziele	Reichweite des Streckennetzes; die Flugziele können je nach Stationierungsort variieren.
Lehrgang	Besonderheiten zum Lehrgang

Air Berlin ▸ 25, 32, 35, 40, 73, 103, 113, 142

Air Berlin PLC & Co. Luftverkehrs KG 13627 Berlin	
Homepage	www.airberlin.com
Flugbegleiter-Info	Unternehmen, Jobs, Flugbegleitung
Bewerbungs-adresse, Telefon, Email	Bitte Homepage beachten. Eine Bewerbung und spätere Anstellung läuft über die Firma CHS. CHS Cabin und Handling Service GmbH Abt. Cabin Crew Management Stichwort "Bewerbung Cabin" c/o Air Berlin, Saatwinkler Damm 42-43 13627 Berlin 030 – 3434 5005
Größe, Damen	mind. 165 cm
Größe, Herren	mind. 165 cm
Besonderheiten	Bei nicht EU- Mitgliedern gültige Aufenthalts- und Arbeitserlaubnis erforderlich. Bewerber sollen einen Internetanschluss haben.
Einsatzflughäfen	Berlin (Schönefeld und Tegel), Dortmund, Dresden, Düsseldorf, Erfurt, Frankfurt/Main, Hamburg, Hannover, Köln/Bonn, Leipzig/Halle, München, Münster/Osnabrück, Nürnberg, Paderborn/Lippstadt, Stuttgart, außerdem Amsterdam und Zürich.
Flugziele	innereuropäisch, nördliches Afrika
Lehrgang	ca. 6 Wochen in Berlin; Unterkunft muss vom Bewerber finanziert werden

Augsburg Airways ▸ -

Augsburg Airways GmbH & Co. KG 86153 Augsburg	
Homepage	www.augsburgair.de
Flugbegleiter-Info	-
Bewerbungs-adresse, Telefon, Email	(Jobs und Karriere) Augsburg Airways Kabinenleitung Beim Glaspalast 1 86153 Augsburg 08 21 – 27 09 7 – 5 11 jobs@augsburgair.de
Größe, Damen	160-180 cm
Größe, Herren	170-185 cm
Besonderheiten	gehört seit 2004 zur Cirrus Gruppe; Partner bei Lufthansa-Regional
Einsatzflughäfen	München
Flugziele	innereuropäisch
Lehrgang	in Augsburg oder München, ca. 5 Wochen (Theorie)

Blue Wings ▸ 35, 38, 39, 40

Blue Wings AG Düsseldorf Airport 40474 Duesseldorf	
Homepage	www.bluewings.com
Flugbegleiter-Info	-
Bewerbungs-adresse, Telefon, Email	Bitte Homepage beachten (Stellenangebote / Vacancies) Blue Wings AG Düsseldorf Airport, Terminal A, 5. OG Cabin Crew Department 40474 Düsseldorf 02 11 – 42 16 80 – 32 oder – 63 ccd@bluewings.info
Größe, Damen	mind. 165 cm
Größe, Herren	mind. 165 cm
Besonderheiten	polizeiliches Führungszeugnis, nichtrauchende Bewerber erwünscht; Mobiltelefon, gültige Arbeits-/Aufenthaltsgenehmigung erforderlich
Einsatzflughäfen	Düsseldorf
Flugziele	Türkei, Mittlerer Osten; geplant: ehem. Sowjetunion
Lehrgang	ca. 5-6 Wochen in Düsseldorf; es werden 500 Euro für die entstehenden Ausbildungskosten vom angenommenen Bewerber beansprucht.

Cirrus ▸ 110, 128

Cirrus Airlines Luftfahrtgesellschaft mbH Flughafen Saarbrücken 66131 Saarbrücken	
Homepage	www.cirrus-airlines.com
Flugbegleiter-Info	–
Bewerbungs-adresse, Telefon, Email	Flugbegleiter-Infos über www.cirrus-flighttraining.de (Ausbildung, Flugbegleiter/In) Cirrus Airlines Luftfahrtgesellschaft mbH Petra Henke Flughafen Saarbrücken 66131 Saarbrücken 0 63 32 – 99 36 28 staff@cirrus-airlines.de
Größe, Damen	163-175 cm
Größe, Herren	163-175 cm
Besonderheiten	Annahme erst nach erfolgreich absolvierten Flugbegleiterlehrgang möglich
Einsatzflughäfen	München und Saarbrücken
Flugziele	innerdeutsch, London, Zürich, Skopje, Ostrava
Lehrgang	Ausbildung muss vom Bewerber bezahlt werden (ca. 750 Euro, zzgl. Unterkunft); ca. 5 Wochen in Zweibrücken bei Cirrus Flight-Training

CityLine ▸ 62, 74, 124

Lufthansa CityLine GmbH 51147 Köln	
Homepage	www.lufthansacityline.com
Flugbegleiter-Info	Jobbörse, Flugbegleiter/in (mit Bewerberbroschüre zum Download)
Bewerbungs- adresse, Telefon, Email	Bitte Homepage beachten Lufthansa CityLine GmbH Ausbildungsabteilung Kabine Postfach 980208 51130 Köln 02 20 3 – 596 756 flugbegleiterlhcityline@dlh.de
Größe, Damen	158-176 cm
Größe, Herren	158-176 cm
Besonderheiten	bis +/- 3,5 Dioptrien, EDV-Kenntnisse erwünscht. Partner bei Lufthansa-Regional
Einsatzflughäfen	hauptsächlich München und Frankfurt, Köln, Stuttgart
Flugziele	innereuropäisch
Lehrgang	ca. 7 Wochen, in Köln Porz-Lind

Condor ▸ 17, 29, 62, 109, 133

Condor Flugdienst GmbH 65451 Kelsterbach	
Homepage	www.condor.de
Flugbegleiter-Info	-
Bewerbungs-adresse, Telefon, Email	Bitte Homepage beachten (Über Condor, Jobs) 06 10 7 – 939 209 frahpk@condor.de
Größe, Damen	160 –180 cm
Größe, Herren	160 – 190 cm
Besonderheiten	bei einer Sehschwäche: augenärztliche Bescheinigung (siehe Personalfragebogen)
Einsatzflughäfen	Frankfurt
Flugziele	weltweite Ferienziele
Lehrgang	ca. 7 Wochen in Kelsterbach (bei Frankfurt/Main)

Condor Berlin ▸ 132

Condor Berlin GmbH 12521 Berlin Schönefeld	
Homepage	www.condor.de
Flugbegleiter-Info	–
Bewerbungs-adresse, Telefon, Email	keine eigene Homepage; Stellenanzeigen unter www.condor.de Condor Berlin GmbH Personalabteilung, SXF UV/P, Fr. Zinecker Postfach 12521 Berlin 0 30 – 88 75 – 52 43
Größe, Damen	162 –185 cm
Größe, Herren	162 – 185 cm
Besonderheiten	Tochter der Condor Flugdienst GmbH
Einsatzflughäfen	Berlin, Leipzig, München, Stuttgart
Flugziele	vorwiegend innereuropäisch
Lehrgang	6 Wochen bei Trainico in Berlin Schönefeld; muss selbst bezahlt werden, Förderung evtl. möglich; siehe auch www.trainico.de

Contact Air ▸ 26, 37, 110

Contact Air Flugdienst GmbH + Co. D-70599 Stuttgart (Plieningen)	
Homepage	www.contactair.de
Flugbegleiter-Info	Jobs & Karriere, Bewerberprofil Flugbegleiter/in und Ausbildung Flugbegleiter/in
Bewerbungs-adresse, Telefon, Email	Bitte Homepage beachten (Offene Stellen) Contact Air Flugdienst GmbH & Co Echterdinger Str. 30 70599 Stuttgart 07 11 – 1 67 65 44 frank.heidinger@contactair.de
Größe, Damen	160-180 cm
Größe, Herren	160-180 cm
Besonderheiten	Schwimmen erforderlich, Internetanschluss erwünscht; Partner bei Lufthansa-Regional
Einsatzflughäfen	Stuttgart
Flugziele	vorwiegend innerdeutsch, näheres Ausland
Lehrgang	ca. 12 Wochen in Stuttgart (6 Wochen Theorie, 6 Wochen Praxis)

E.A.E. ▸ 38, 110

European Air Express (E.A.E.) Flughafenstraße 81 41066 Mönchengladbach	
Homepage	www.eae.aero
Flugbegleiter-Info	–
Bewerbungs-adresse, Telefon, Email	Bitte Homepage beachten (EAE, Jobs) 0 21 61 – 66 99 – 420 jobs@eae.aero, h.baeumer@eae.aero
Größe, Damen	160-180 cm
Größe, Herren	170-185 cm
Besonderheiten	Polizeiliches Führungszeugnis wird erwartet.
Einsatzflughäfen	Köln, Münster, Stuttgart
Flugziele	vorwiegend innerdeutsch, Genf, Amsterdam
Lehrgang	ca. 3 Wochen in Düsseldorf (Theorie)

easyJet ▸ 73, 103

easyJet Airline Company Limited London Luton Airport Bedfordshire, LU2 9LS Grossbritannien	
Homepage	www.easyjet.com
Flugbegleiter-Info	easyJet.com, Unsere Firma, Stellenangebote, Kabinenpersonal; auf der englischen Seite sind unter "Cabin Crew" weiterführende Informationen abrufbar.
Bewerbungs-adresse, Telefon, Email	Bewerbung nach Registrierung nur online möglich; das Ausfüllen der Bewerbungsformulare dauert ca. 1 Stunde.
Größe, Damen	158-190 cm
Größe, Herren	158-190 cm
Besonderheiten	Es werden z.B. lückenlose Referenzen über die letzten 5 Jahre erwartet. Der Bewerber soll in der Lage sein, 25 m am Stück zu schwimmen.
Einsatzflughäfen	Dortmund, Berlin Schönefeld
Flugziele	innereuropäisch
Lehrgang	ca. 4 Wochen in London Luton; Unterkunft während des Lehrgangs wird gestellt

Eurowings ▸ 26, 35, 37, 62, 74, 139

Eurowings Luftverkehrs AG 44319 Dortmund 02 31 – 92 45 – 0	
Homepage	www.eurowings.com
Flugbegleiter-Info	Job-Forum, Jobs on Board, Kabine
Bewerbungs-adresse, Telefon, Email	(Job-Forum, Jobbörse, Flugbegleiter/-innen) Eurowings Luftverkehrs AG Cabin Crew Department Flugplatz 21 44319 Dortmund cabincrew@eurowings.com
Größe, Damen	160-175 cm
Größe, Herren	160-175 cm
Besonderheiten	Eurowings wirbt auf der Homepage damit, dass sie ganzjährig Flugbegleiter einstellen; max. +/- 5 Dioptrien; gültige Arbeits-/Aufenthaltsgenehmigung erforderlich; adressierten Briefumschlag DIN A 4 mitsenden! Partner bei Lufthansa-Regional
Einsatzflughäfen	Düsseldorf, Hannover, München, Nürnberg
Flugziele	innereuropäisch
Lehrgang	4-5 Wochen Theorie in Dortmund, 2 Wochen Praxis

Germania ▸ 23, 110

Germania Fluggesellschaft mbH 51129 Köln	
Homepage	www.germania.aero
Flugbegleiter-Info	–
Bewerbungs-adresse, Telefon, Email	(Jobs) Germania Fluggesellschaft mbH Kabinenleitung Riedemannweg 58 13627 Berlin 030 – 52 2 80 – 81 42 kabinenleitung@Germania.aero
Größe, Damen	165-185 cm, Konfektionsgröße von 36/38
Größe, Herren	165-185 cm, Konfektionsgröße von 48/52
Besonderheiten	adressierten Freiumschlag mitsenden
Einsatzflughäfen	Köln, München, Hamburg, Stuttgart
Flugziele	innereuropäisch
Lehrgang	ca. 5 Wochen in Prieros (in der Nähe von Berlin); Lehrgang kostet ca. 800 Euro (inkl. Unterbringung; evtl. förderungsfähig durch Agentur für Arbeit)

Germanwings ▸ 25, 35, 62, 110

Germanwings GmbH 51147 Köln	
Homepage	www.germanwings.com
Flugbegleiter-Info	–
Bewerbungs-adresse, Telefon, Email	Bitte Homepage beachten (Unternehmen, Karriere); Initiativbewerbungen an: Germanwings Human Resources Waldstr. 224 51147 Köln 0 22 03 – 10 27 – 4 45 jobs@germanwings.com
Größe, Damen	163-180 cm
Größe, Herren	175–185 cm
Besonderheiten	100%ige Tochter von Eurowings; Bewerber sollen schwimmen können. Bewerbungsunterlagen werden nicht zurückgesendet.
Einsatzflughäfen	Köln/Bonn, Stuttgart, Hamburg, Berlin Schönefeld
Flugziele	europaweit
Lehrgang	ca. 4 Wochen in Frankfurt und Köln

Hamburg International ▸ 31, 34, 35, 37, 64

Hamburg International 22335 Hamburg 0 40 - 50 05 01 - 0	
Homepage	www.hamburg-international.de
Flugbegleiter-Info	Jobs, Saisonflugbegleiter/innen
Bewerbungs- adresse, Telefon, Email	Bitte dringend Homepage beachten Bewerbung wird nur als Email akzeptiert: flugbegleiter@hamburg-international.de
Größe, Damen	mind. 160 cm
Größe, Herren	mind. 160 cm
Besonderheiten	Sie sollen gut schwimmen können; bei Sehschwäche: nicht mehr als +/- 4,5 Dioptrien; folgende Sprachen sind aufgrund des „ethnischen Charterflugverkehrs“ erwünscht: Französisch, Türkisch, Kurdisch, Arabisch. Unverlangt eingesandte Bewerbungen werden nicht zurückgeschickt.
Einsatzflughäfen	Friedrichshafen, Hamburg, Karlsruhe-Baden, München, Saarbrücken, außerdem Luxemburg
Flugziele	vorwiegend innereuropäisch, Irak
Lehrgang	8 Wochen (davon 4 Wochen in Hamburg, die anderen 4 Wochen am Stationierungsort)
Lehrgang	ca. 4 Wochen an unterschiedlichen Orten

Japan Airlines (JAL) ▸ 26, 36, 84

Japan Airlines International Co., Ltd. Tokio 140-8637, Japan	
Homepage	www.jal.com/en/
Flugbegleiter-Info	-
Bewerbungs-adresse, Telefon, Email	JAL Cabin Crew Department Terminal 2, Halle D Raum 152.4364-4368 Postfach T2.6 Flughafen Frankfurt 60549 Frankfurt am Main 0 69 – 69 0 – 4 85 11
Größe, Damen	165-175 cm
Größe, Herren	165-180 cm
Besonderheiten	nur Fernstrecke, daher dauern Einsätze 3 bis 11 Tage am Stück; das Tragen von Kontaktlinsen bei Fehlsichtigkeit ist erlaubt; bis +/- 4 Dioptrien.
Einsatzflughäfen	Frankfurt
Flugziele	weltweit
Lehrgang	11 Wochen: 6 in Frankfurt, 5 in Tokio

LTU ▸ 17, 109

LTU Lufttransport-Unternehmen GmbH 40474 Düsseldorf	
Homepage	www.ltu.de
Flugbegleiter-Info	-
Bewerbungs-adresse, Telefon, Email	Bitte Homepage beachten (Intern, Stellenangebote, Offene Stellen bei LTU) Bewerbung per Email im pdf-Format an: flugbegleiterbewerbung@ltu.de 02 11 - 94 18 59 9 jobs@ltu.de
Größe, Damen	165-195 cm
Größe, Herren	165-195 cm
Besonderheiten	max. +/- 5 Dioptrien; Bundeskartellamt überprüft derzeit die Übernahme von LTU durch AirBerlin (Stand: Juni 2007). LTU soll in diesem Fall rechtlich eigenständig bleiben.
Einsatzflughäfen	Frankfurt, Berlin, Düsseldorf, Stuttgart, Hamburg, München, Wien
Flugziele	weltweite Ferienziele
Lehrgang	ca. 6 Wochen, in Düsseldorf und zum Teil am späteren Einsatzflughafen; der Eigenanteil der Bewerber beträgt 800 Euro.

Lufthansa ▸ 9, 17, 22, 23, 26, 28, 29, 32, 34, 35, 36, 37, 39, 62, 64, 73, 74, 77, 79, 84, 87, 103, 109, 111, 112, 113, 115, 116, 118, 128, 131, 134, 137, 146ff.

Deutsche Lufthansa AG Flughafen-Bereich West 60546 Frankfurt	
Homepage	www.lufthansa.com
Flugbegleiter-Info	www.be-lufthansa.com: Ihre Einstiegsmöglichkeiten, Serviceberufe, Flugbegleiter/in
Bewerbungs-adresse, Telefon, Email	Bewerbung nur online möglich (siehe oben) Service-Hotline: 09 00 100 23 00 (nur aus dem deutschen Festnetz, 0,99 Euro pro Minute)
Größe, Damen	160-195 cm
Größe, Herren	160-195 cm
Besonderheiten	verschiedene Einstiegsmodelle, siehe Homepage; Dioptrien bis incl. +/- 4,75; Besonderheiten bei Laseroperationen: "Die Dioptrienzahl vor einer Laseroperation darf maximal +/- 5 betragen haben. Zum Zeitpunkt der Flugtauglichkeitsuntersuchung muss die Laseroperation mindestens 6 Monate zurückliegen." Quelle: www.be-lufthansa.de, Juni 07
Einsatzflughäfen	Modell A und C: Frankfurt, München; Modell B (nur kontinentale Strecken): Berlin, Düsseldorf, Hamburg
Flugziele	weltweit
Lehrgang	8-10 Wochen in Frankfurt

RyanAir ▸ 17, 25, 28, 37, 110, 113

RyanAir Dublin, Irland	
Homepage	www.ryanair.com
Flugbegleiter-Info	Jobangebote oder Careers, Cabin Crew Recruitment. Nur in englischer Sprache verfügbar. (Browserbedingte Probleme können auftreten.)
Bewerbungs-adresse, Telefon, Email	Bitte Homepage beachten.
Größe, Damen	157-185 cm
Größe, Herren	157-185 cm
Besonderheiten	Sie sollen gut schwimmen können; nach der Schulung werden Sie bei einem externen Dienstleister angestellt sein, der zunächst 3-Jahres-Verträge anbietet.
Einsatzflughäfen	Bremen, Düsseldorf Weeze, Frankfurt-Hahn
Flugziele	Europa
Lehrgang	5-6 Wochen; Kosten der Schulung (ca. 1500 Euro) werden vom Bewerber getragen

TUIfly ▸ 31, 37

Hapag-Lloyd GmbH D-30855 Langenhagen	
Homepage	www.TUIfly.com
Flugbegleiter-Info	-
Bewerbungs-adresse, Telefon, Email	Bitte Homepage beachten (Service, Über TUIfly, Jobs) Hapag-Lloyd Fluggesellschaft mbh Personal- und Sozialwesen Flughafenstr. 10 30855 Langenhagen 05 11 - 97 27 73 1
Größe, Damen	mind. 162 cm
Größe, Herren	mind. 165 cm
Besonderheiten	ehemals Hapagfly und hlx; Internetzugang erwünscht.
Einsatzflughäfen	Frankfurt, München, Düsseldorf, Stuttgart, Hannover, Münster, Nürnberg, Köln
Flugziele	Urlaubsmetropolen in Europa und Nordafrika
Lehrgang	ca. 6 Wochen, unterschiedliche Ausbildungsorte

6 Deutsche Lufthansa

Die Deutsche Lufthansa ist noch immer der Arbeitgeber-Traum für viele Bewerber. Deshalb wird dieser renommierten Airline ein eigenes Kapitel gewidmet. (Stand Juni 2007)

Von den fast 95.000 Mitarbeitern arbeiteten rund 15.000 als Flugbegleiter.

Die Lufthansa nutzt seit einigen Jahren vermehrt das Medium Internet, um Bewerbungen entgegenzunehmen. Es ist ein sehr komplexes, aufwändiges Onlinebewerbungsverfahren, welches angesichts der vielen Bewerbungen sinnvoll erscheint.

Bewerber, die keine Zugangsmöglichkeit zum Internet haben, sollten die Einrichtung des Internetcafés nutzen, oder gute Freunde, die Internetanschluss haben, um Hilfe bitten.

Schriftliche Bewerbungen werden grundsätzlich mit dem Hinweis auf die Onlinebewerbung zurückgeschickt. Sehen Sie bitte deshalb davon ab, eine schriftliche Bewerbung an Lufthansa zu senden.

Allgemeine Informationen

Alle relevanten und interessanten Informationen rund um den Beruf erhalten Sie auf der Karriere-Homepage der Deutschen Lufthansa:

www.be-lufthansa.com
> Ihre Einstiegsmöglichkeiten, Serviceberufe, Flugbegleiter/-in.

Es werden nun die drei Arbeitsmodelle grob vorgestellt, die derzeit bei Lufthansa angeboten werden.

Modell A (Welt)

Dieses Modell beinhaltet eine unbefristete Festanstellung an einem der großen Drehkreuze Frankfurt oder München. Nur von diesen beiden Flughäfen aus werden weltweite Ziele angesteuert. Sie werden von Anfang an auf dem gesamten Streckennetz der Lufthansa eingesetzt, also sowohl auf kontinentalen als auch auf interkontinentalen Strecken. Die tatsächlichen Einsatzzielgebiete richten sich nach der Zuordnung in einer „Area“. Die Zuteilung zu einer solchen Area wird bereits mit dem Lehrgang festgelegt. Sie können die Area auf Antrag später wechseln.

Nach einigen Jahren der Zugehörigkeit können Sie auf die reine Langstrecke wechseln. Wie lange Sie auf diesen Moment warten müssen, kann Ihnen im Vorfeld keiner garantieren.

Das monatliche Grundgehalt ist identisch mit dem Gehalt von Modell B und C, derzeit beträgt es 1.383,75 Euro.

Modell B (Europa)

Bei diesem Modell werden Sie ebenfalls unbefristet festeingestellt, jedoch werden Sie nur im kontinentalen Streckennetz eingesetzt. Ihre Station ist eine sogenannte „dezentrale“ Station (z.B. Berlin, Hamburg, Stuttgart oder Düsseldorf).

Das Gehalt ist identisch mit dem Gehalt von Modell A. Die Höhe der Spesen wird aufgrund des Einsatzgebietes und der Dauer der Abwesenheit von zu Hause geringer ausfallen als bei Modell A.

Es ist möglich, zu einen späteren Zeitpunkt die Modelle zu wechseln, was jedoch auch den Wechsel der Basis mit sich bringt. Wenn Sie in Düsseldorf wohnen und in Modell A wechseln möchten, bedingt das natürlich auch den Wechsel der Basis.

Modell C (Welt im Sommer)

Hierbei handelt es sich um einen befristeten Vertrag. Von München aus fliegen Sie nach der Schulung 6 Monate lang „gemischt“ (kontinental und interkontinental), von Frankfurt aus nur interkontinental. Nach diesem Einsatz von ca. 8 Monaten (inkl. Schulung) haben Sie die Möglichkeit, zu einem späteren Zeitpunkt (voraussichtlich in einer Sommersaison) wieder einen Zeitvertrag anzutreten, sofern der Bedarf gegeben ist. Leider können Sie sich den Zeitpunkt eines Folgevertrages nicht aussuchen.

Ein späterer Vertrag kann auch kürzer als 6 Monate dauern (mindestens jedoch 2 Monate).

Wenn Ihnen der Einsatz im Modell C so gut gefallen hat, dass Sie nun beschließen, in ein unbefristetes Modell zu wechseln, können Sie sich für einen entsprechenden, unter bestimmten Voraussetzungen verkürzten Kurs (Ready Entry) bewerben. Details hierzu erfahren Sie, wenn es soweit ist.

Sollten Sie Modell C nur nutzen, um überhaupt den Einstieg bei Lufthansa so schnell wie möglich zu schaffen, bedenken Sie hierbei, dass eine direkte Folgebeschäftigung nicht garantiert werden kann. Es kann nach Auslaufen des Zeitvertrages durchaus zu einer Leerlaufphase kommen, bevor sich eine erneute Einstiegsmöglichkeit bietet.

Folgende detaillierte Informationen finden Sie auf der Homepage von Lufthansa:

Beschreibung
Allgemeines zum Berufsbild

Fakten
Hier werden auf fünf Seiten u.a. die Einstiegsmodelle (A, B, C), mögliche Einsatzflughäfen, Verdienstmöglichkeiten, Vertragsdauer, Urlaubstage, Dauer der Schulung und Vergünstigungen für die Mitarbeiter vorgestellt. Weiterblättern können Sie, indem Sie auf die gewünschte Seitenzahl (*1 2 3 4 5*) klicken. Diese finden Sie rechts von der Überschrift „Flugbegleiter/-in – Fakten".

Voraussetzungen
Das Anforderungsprofil können Sie dort einsehen.

Bewerbungsablauf
Hier erfahren Sie auf zwei Seiten, welche „Etappen" Sie durchlaufen müssen, um sich als Flugbegleiter zu bewerben.

Aktueller Personalbedarf
Informieren Sie sich hier, für welche Modelle und für welche Stationen Sie sich bewerben können, und ob ggf. eine Warteliste geführt wird.

Virtual Day
Lassen Sie sich entführen in die Welt der Flugbegleiter und begleiten Sie ein paar Lufthansa-Flugbegleiter/-innen auf deren Weg nach Istanbul. Am Ende der Diaschau wird jeder Flugbegleiter einzeln vorgestellt und Sie erfahren auch ein bisschen über deren Werdegang.

Ihre Online-Bewerbung

Dann kann es mit Ihrer Bewerbung eigentlich schon losgehen... Hierfür klicken Sie auf den Button „bewerben" (unten links).

1. Schritt – Sofern Sie sich noch nicht für den Zugang zum Karriere Terminal registriert haben, werden Sie aufgefordert, dies zunächst zu tun.

▸ zur Registrierung

2. Schritt – Informationen zur Registrierung: Sie als neuer Bewerber werden begrüßt und bekommen Hinweise zum Datenschutz. Klicken Sie das Kästchen vor „Ja, ich habe die Datenschutzinformationen gelesen und akzeptiere sie." an, damit Sie fortfahren können. Die entsprechenden Informationen finden Sie rechts.

Falls Sie mit den Datenschutzbestimmungen nicht einverstanden sind, ist Ihre Bewerbung leider an dieser Stelle beendet.

▸ weiter

3. Schritt – Hier werden Sie aufgefordert, personenbezogene Daten wie Name, Adresse, Telefonnummer, Geburtsdaten, Staatsangehörigkeit und Email-Adresse anzugeben. Achten Sie besonders auf die richtige Schreibweise Ihrer Email-Adresse.

Diese Daten werden in den Karriere Terminal übernommen und können nachträglich geändert werden, wenn sich z.B. die Adresse ändert.

Zur Sicherung Ihrer Daten müssen Sie ein eigenes Passwort vergeben.

▶ Daten senden

4. Schritt – Sie sehen nun eine Bestätigung Ihrer Anmeldung: Sie bekommen Ihre persönliche Bewerbernummer mitgeteilt und Ihr Passwort bestätigt. Diese Seite können Sie für Ihre Unterlagen ausdrucken.

Parallel dazu erhalten Sie automatisch eine Email mit Ihrer Bewerbernummer (nicht jedoch das Passwort!) vom Lufthansa Bewerbermanagement.

Bewahren Sie Ihre Bewerbernummer und Ihr Passwort gut auf, Sie werden die beiden Daten immer wieder gebrauchen, um sich später in den Karriere Terminal einzuloggen.

Wenn Sie möchten, können Sie Ihre Daten nun hier eintragen:

Bewerbernummer: Passwort:

weiter

5. Schritt – Sie haben die Möglichkeit, Ihre Kurzbewerbung anzulegen.

Das Ausfüllen dieser Fragen genügt zunächst, um Ihre Bewerbung auf den Weg zu bringen.

Es wird nach folgenden Punkten gefragt:

- Ihr Schulabschluß
- Ihre Sprachkenntnisse (vergessen Sie hierbei nicht, Ihre Muttersprache anzugeben)
- Ihre Bereitschaft zu Auslandseinsätzen/Schichtarbeit
- Ihre Einstiegspräferenzen (Einstiegsmodell, Wunschflughafen). Lufthansa empfiehlt, sich möglichst breit gefächert zu bewerben, um die Chancen zu erhöhen.

✈ Ergänzende, berufsspezifische Angaben (Gewicht, Größe, Reisepass, Sehstärke).

2x senden

Sie sehen nun das Ergebnis Ihrer Bewerbung.

Negative Prüfung

Sie erhalten keine weitere Aufforderung, Tests machen zu müssen. Sie bekommen lediglich den Hinweis, dass die „Angaben vollständig" sind. In diesem Fall ist eine Absage per Email in den nächsten Tagen sehr wahrscheinlich.

Überprüfen Sie bitte noch einmal Ihre Angaben unter „Mein Profil: Persönliche Daten, Einstiegswunsch" auf Richtigkeit und korrigieren Sie fehlerhafte Eingaben (speziell Sprachkenntnisse, Größe/Gewicht, Staatsangehörigkeit und Sehschärfe). Vergessen Sie nicht, nach der Korrektur das Profil erneut an Lufthansa zu übermitteln.

Profil senden

Sollten alle Angaben stimmen, und Sie erhalten ein paar Tage später tatsächlich eine Absage von Lufthansa (per Email), ohne die flugbegleiterspezifischen Online-Tests gemacht zu haben, haben Sie ein wichtiges Hard Fact-Kriterium leider nicht erfüllt. Sie können sich dann frühestens nach einem Jahr wieder als Flugbegleiter bewerben.

Positive Prüfung

Falls die erste Prüfung Ihrer Bewerbung positiv verläuft, erhalten Sie unmittelbar nach der Übermittlung Ihrer Daten die Aufforderung, zur Vervollständigung der Bewerbung Tests zu absolvieren. Sie sehen dann in Ihrem Karriere Terminal rechts den Button

▸ zu den Tests

oder neben der Stelle Flugbegleiter/in den Hinweis Tests erforderlich. Beide Links führen auf dieselbe Seite.

Der Test besteht aus zwei Teilen mit Zeitbegrenzung. Sobald Sie mit dem jeweiligen Test begonnen haben, kann dieser nicht mehr unterbrochen werden. Sie können auch nicht zurückblättern. Die Zeit läuft unbarmherzig, und nach der veranschlagten Zeit wird der Test automatisch beendet. Falls die Fragen vor Ablauf der Zeit beantwortet wurden, endet der Test vorzeitig.

Sie können den Englischtest an dem einen Tag, den anderen Test an einem anderen Tag durchlaufen. Die Reihenfolge können Sie nicht verändern.

Lesen Sie sich vorher unbedingt die Anleitung zu den Tests durch. Mittels Beispiele wird Ihnen erläutert, was im Folgenden auf Sie zukommt.

Ein inhaltliches Feedback über die Testauswertung erhalten Sie nicht.

Der Englischtest

Dieser besteht aus 32 Fragen und dauert etwa 15 Minuten. Es ist ein dynamischer Test. Jeder Prüfling bekommt andere Fragen. Je nach dem, ob die Fragen richtig oder falsch beantwortet wurden, wird das Niveau des Tests im weiteren Verlauf gesteigert oder gesenkt.

Jede Aufgabenstellung hat vier Antwortmöglichkeiten. Es gibt für jede Aufgabe entweder eine oder zwei richtige Lösungen. Wie viele Lösungen Sie anklicken müssen, steht jeweils ganz oben auf der Aufgabenseite. Dorthin sollte ihr Blick als erstes wandern, spätestens nach dem Lesen der Aufgabe. Wenn Sie bei zwei möglichen Lösungen nur eine Antwort ankreuzen, wird die Aufgabe als falsch gewertet.

Der Test ist mit soliden Englischkenntnissen zu schaffen. Sollten Sie den Online-Englischtest nicht bestehen, werden Sie mit einer sehr hohen Wahrscheinlichkeit bei dem späteren Englischtest vor Ort ebenfalls nicht erfolgreich sein.

Mit einem Wörterbuch oder einem Internet-Übersetzungsprogramm (z.B. www.google.de) zu arbeiten, ist sehr aufwändig und kostet viel

Zeit. Bei 32 Aufgaben und 15 Minuten haben Sie je Aufgabe durchschnittlich weniger als 30 Sekunden Zeit.

Achten Sie darauf, dass Sie nur einmal auf den „Weiter“-Button klicken, um zur nächsten Aufgabe zu gelangen. Drücken Sie aus Versehen zweimal hintereinander darauf (der klassische Doppelklick), haben Sie eine Frage unbeantwortet übersprungen.

Arbeitssituationen

Für diese Aufgabenstellung haben Sie etwa 7 Minuten Zeit.

Hier bekommen Sie fünf Arbeitssituationen, welche an Bord oder am Boden in Zusammenhang mit dem Flugbetrieb vorkommen, vorgestellt und dazu fünf Möglichkeiten, wie Sie darauf reagieren könnten. Diese fünf Reaktionsmöglichkeiten müssen Sie durch Verschieben (Betätigen der Buttons ▲ ▼) in eine von Ihnen bestimmte Reihenfolge bringen: an erster Stelle steht dann die Reaktion, die Sie am ehesten vertreten können, an letzter Stelle die, die Sie am wenigsten gutheißen.

Diese Aufgaben sind statisch und bei jedem Testteilnehmer gleich.

Antworten Sie so, wie es Ihnen Ihr Verständnis für guten Service gebietet. Ein Lösungsvorschlag wird an dieser Stelle aus nachvollziehbaren Gründen nicht gegeben, nämlich um den Vorauswahlcharakter des Tests nicht zu unterlaufen.

Nach dem Test „Arbeitsanweisungen“ können Sie sich ausloggen.

Sie mussten mehr als zwei Tests absolvieren?

Für die Flugbegleiter-Bewerbung sind nur die oben aufgeführten Tests relevant. Wenn Sie mehr als diese beiden Tests absolvieren mussten, haben Sie vermutlich Ihren Karriereassistenten eingeschaltet und/oder sich für mehrere Stellen beworben.

Nun kommt der schwierigste Teil: das Warten. Sie erhalten normalerweise innerhalb von einer Woche eine Antwort-Email von Lufthansa.

Im Falle einer Absage können Sie sich frühestens nach einem Jahr wieder bewerben.

Falls Sie erfolgreich waren, bekommen Sie mitgeteilt, dass nun das Telefoninterview ansteht. Weitere Details entnehmen Sie bitte der Email, die Sie vom Lufthansa-Bewerbermanagement erhalten. (Mehr zum Thema Telefoninterview, siehe Kapitel „Das Bewerbungsverfahren, Das Telefoninterview“)

Im Karriere Terminal rutscht Ihre Bewerbung von Platz 2 auf Platz 1 vor, mit dem Hinweis „Bei Lufthansa in Bearbeitung“.

Ein Telefoninterview ohne vorherige Onlineregistrierung ist leider nicht möglich. Für das Telefoninterview sollten Sie Ihre Online-Bewerbernummer zur Hand haben.

Einige Tage (kann jedoch auch bis zu mehreren Wochen/Monaten dauern) nach dem Telefontest bekommen Sie die Information, wie es mit Ihrer Bewerbung weitergeht.

Absagen werden erfahrungsmäßig innerhalb von 14 Tagen versandt; sollten Sie nach einem Monat noch immer nichts gehört haben, können Sie dies vorsichtig als gutes Zeichen werten. Im Zweifel fragen Sie noch einmal direkt bei Lufthansa nach.

Wenn das Telefoninterview positiv durchlaufen wurde, erhalten Sie zu gegebener Zeit die Aufforderung, die Buchung eines Auswahltermins im Karriere Terminal vornehmen. Dort erhalten Sie auch weitere Hinweise bezüglich des Auswahltages.

Probleme bei Ihrer Online-Bewerbung

Die Online-Bewerbung ist auf folgende Browser-Versionen optimiert:

> Internet Explorer ab Version 5.01
> Netscape ab Version 6.2
>
> Die Version Ihres Internet-Explorers oder Netscape finden Sie entweder beim Öffnen des Browsers (die Version poppt dabei kurz auf, bevor die erste Seite erscheint), über die Taste „F1“ (Hilfe) bei geöffnetem Browser oder über die Menüleiste Punkt „Hilfe / über Netscape“ bzw. „? / Info“ beim Internet Explorer.

Andere Browser (z.B. Firefox) werden derzeit nur bedingt unterstützt und können zu Fehlern führen. Achten Sie darauf, dass in den Voreinstellungen Ihres Browsers Pop-up-Fenster nicht unterdrückt werden. Ansonsten können Sie z.B. Probleme mit der Abwicklung der Online-Tests bekommen.
Hier zwei Beispiele, wie Sie die Pop-ups zulassen können:

> Firefox, Version 1.0.4
> Menü: Extras, Einstellungen, Web-Features, Pop-up-Fenster blockieren (darf kein Häkchen haben)
>
> Netscape, Version 7.01
> Menü: Bearbeiten, Einstellungen, Privatsphäre und Sicherheit (Doppelklick), Popup-Fenster, Popups zulassen

Bei technischen Problemen wenden Sie sich am besten an den Helpdesk: bewerberhelpdesk@DLH.de.

Wenn Sie Fragen zu Ihrer Online-Bewerbung oder dem Karriere Terminal haben, steht Ihnen von Montag bis Freitag (von 8 bis 20 Uhr) eine Lufthansa-Servicehotline (0900 100 2300, 99 Cent/Minute, nur aus dem deutschen Festnetz) zur Verfügung.

Der Auswahltag

Dieser Auswahltag nach dem positiv verlaufenen Telefoninterview findet in Frankfurt/Main am Flughafen statt und dauert einen halben Tag: entweder vormittags (ab 8:30 Uhr) oder nachmittags (ab 13:00 Uhr). Hierfür müssen Sie in jedem Fall Ihre üblichen Bewerbungsunterlagen (kurzes Anschreiben kann erfolgen, muss aber nicht; Lebenslauf, Zeugnisse und Beschäftigungsnachweise am besten in Kopie, sowie ein loses Passbild) mitbringen, auch wenn Sie diese Unterlagen bereits als Anhang mit Ihrer Online-Bewerbung gesendet haben.

Zwischen 12 und 24 Bewerber werden normalerweise zu einem Termin eingeladen. Zwei bis vier Psychologen und ein Assistent (Praktikant) betreuen die Bewerber.

Zunächst steht die Gruppenübung an.

Danach erfolgt das persönliche Gespräch. Hierbei kann es für einzelne Bewerber zu Wartezeiten kommen. Es lohnt sich, ein Buch oder eine

Zeitschrift mitzubringen, damit Wartezeiten überbrückt werden können und um sich vielleicht ein bisschen abzulenken, falls alle anderen Bewerber bereits nach Hause gegangen sind.

Parallel zu den persönlichen Gesprächen verläuft der schriftliche Englischtest.

Alle Bewerber durchlaufen den gesamten Auswahltag. Nachdem alle Bestandteile absolviert worden sind, darf man nach Hause gehen.

Jeder geeignete Bewerber erhält ein Vertragsangebot. Die eingeladenen Bewerber stehen nicht in Konkurrenz zueinander.

Die Gruppenübung

Diese findet normalerweise mit vier bis sechs Bewerbern statt. Ein Psychologe (der meistens nicht identisch ist mit dem Psychologen, der das persönliche Gespräch mit Ihnen führen wird) fordert Sie auf, sich gegenseitig kurz vorzustellen, und erläutert Ihnen danach die Aufgabenstellung. Die Gruppenarbeit dauert ungefähr zehn Minuten. (Siehe auch Kapitel „Die Bestandteile des Auswahltages, Gruppenübung“)

Das persönliche Gespräch

Es dauert zwischen 30 und 40 Minuten. In diesem Gespräch wird Ihre Motivation hinterfragt. Die Fragen überschneiden sich zum Teil mit den Fragen am Telefon. Teil des persönlichen Gesprächs ist das Rollenspiel. Mitten im Gespräch wird Ihnen der Psychologe vorschlagen, eine Situation, wie sie an Bord vorkommen könnte, nachzuspielen. Sie bekommen die Problematik kurz erläutert. Wenn Sie die Aufgabenstellung verstanden haben, schlüpfen Sie in die Rolle des Flugbegleiters, der Psychologe spielt den Gast. Sie stehen dabei normalerweise, Ihr Gegenüber sitzt – wie es im Flugzeug auch der Fall wäre.

Ein Teil des persönlichen Gesprächs (üblicherweise nicht während des Rollenspiels) wird in englischer Sprache geführt. Der Psychologe stellt Ihnen zunächst einfachere Einstiegsfragen, damit Sie die Gelegenheit haben, mit der Sprache warm zu werden. Danach wird er Ihnen Fragen mit einem höheren Niveau stellen.

(Mehr zum Thema, siehe Kapitel „Die Bestandteile des Auswahltages, Das persönliche Gespräch / Rollenspiel / Englischtest“)

Der schriftliche Englischtest

Dieser besteht aus 50 Multiple-Choice-Fragen. Es gibt zwei verschiedene Testvarianten; Sie müssen natürlich nur einen der beiden Tests absolvieren.

Das Niveau des Tests ist sehr hoch. Selbst sprachversierte Bewerber empfinden diesen Test als schwierig. Lassen Sie sich davon nicht abschrecken. Wenn Sie ein gutes Sprachgefühl haben, können Sie diesen Test schaffen! Hinzu kommt, dass Sie zumindest noch die Möglichkeit haben, die Antwort zu raten. Wenn Sie eine Antwort nicht wissen, entscheiden Sie sich deshalb dennoch für eine Antwort.

Diesen Test müssen alle Bewerber machen, auch wenn Englisch die Muttersprache ist.

Wie geht es weiter?

Sie bekommen die Nachricht (schriftlich, per Email, im positiven Fall manchmal auch telefonisch), ob Sie das Auswahlverfahren bestanden haben, normalerweise einige Tage später. Ein inhaltliches Feedback über die Entscheidungsgründe erhalten Sie aus Kapazitätsgründen weder am Auswahltag noch zu einem späteren Zeitpunkt.

Bei einem positiven Verlauf steht nun noch das Ergebnis der Zuverlässigkeitsüberprüfung (Karriere Terminal) und die Flugtauglichkeitsuntersuchung an. Die Flugtauglichkeit wird erst untersucht, wenn ein Lehrgang ansteht, damit die Ergebnisse so aktuell wie möglich sind. Die Untersuchung wird von Lufthansa bezahlt. Lufthansa hat mehrere Fliegerärzte im Dienst, nicht nur in Frankfurt/Main, sondern z.B. auch in München, Hamburg oder Berlin. Sofern Sie nicht innerhalb von zwei Wochen nach der Untersuchung einen abschlägigen Bescheid bekommen, können Sie davon ausgehen, dass Sie flugtauglich sind.

Die Schulung findet zentral für alle deutsche Stationen am Frankfurter Flughafen im Lufthansa Flight Training Center statt. Falls Frankfurt nicht Ihre künftige Station ist, wird Ihnen während der Zeit des Lehrgangs eine Unterkunft gestellt. Sie bekommen 380 Euro von Lufthansa pro Monat während Ihrer Schulung, die ca. 8 bis 9 Wochen dauert. Am ersten Tag nach Auslaufen des Schulungsvertrags beginnt der Fliegervertrag und sie bekommen das vereinbarte volle Gehalt.

Auf welche Auswahlkriterien achtet Lufthansa besonders?

Da Lufthansa bekanntermaßen ein sehr traditionsreiches Unternehmen mit konservativen Werten ist, können Sie sich ausrechnen, dass die Kriterien, die in diesem Buch vorgestellt werden, besonders kritisch abgewogen werden – zumal Lufthansa nicht an Bewerbermangel leidet. Lufthansa hat einen ausgezeichneten Ruf und dieses gute Image soll durch die diensthabenden Flugbegleiter repräsentiert werden. So kann z.B. eine sehr burschikose Bewerberin, die ansonsten alle Kriterien erfüllt, für eine Charterairline die ideale Besetzung sein – an Bord einer Lufthansa-Maschine könnte dieses Naturell als kritisch gewertet werden.

Wartezeiten

Lufthansa hat einen sehr schwankenden Einstellungsbedarf. Daher müssen Bewerber nach dem erfolgreichen Telefoninterview zum Teil mit wochenlangen Wartezeiten rechnen, bevor sie zum Auswahlverfahren eingeladen werden. Danach kann eine erneute Wartezeit bis zum Beginn des Lehrgangs beginnen. In der Vergangenheit haben Bewerber mitunter mehrere Jahre auf einen Lehrgangsplatz gewartet. Auch in Zukunft müssen Bewerber viel Geduld für eine Bewerbung bei Lufthansa mitbringen. Aber das Warten lohnt sich!

7 Mitarbeiter am Check-in

Für viele, die – aus welchen Gründen auch immer – nicht Flugbegleiter werden können, ist eine Bodentätigkeit am Flughafen als Alternative attraktiv. Es gibt viele Jobmöglichkeiten am Flughafen, wie z.B.

- Mitarbeiter am Check-in, andere Bezeichnungen: Mitarbeiter in der Fluggast- oder Passagierabfertigung, Mitarbeiter Passenger Services, Stationskraft, Check-in Agent, Bodensteward/ess, Customer Airlines Expert, Service-Agent Check-in
- Mitarbeiter im Lost- & Found-Büro / Gepäckermittlung
- Mitarbeiter Ticketing (Ticket-Verkauf)
- Sondergastbetreuung (Betreuung von alleinreisenden Kinder, Behinderten oder älteren Personen)
- Flugzeugabfertiger (Ramp Agent)
- Mitarbeiter im Sicherheitsdienst, Luftsicherheitsassistent

An dieser Stelle wird die Tätigkeit des Check-in-Agenten in Kurzform vorgestellt, weil sie besonders beliebt ist. Auch hier hat man – wie beim Beruf des Flugbegleiters – sehr viele Kundenkontakte, kann in Uniform arbeiten und atmet den Duft der großen weiten Welt.

Das Berufsbild

Auch bei diesem Beruf handelt es sich nicht um einen Ausbildungs-, sondern Anlernberuf. Sie benötigen oftmals keine einschlägigen Vorkenntnisse, um sich erfolgreich zu bewerben. Hilfreich ist es, wenn Sie bereits Erfahrungen mit einer Check-in-Software haben – dies ist aber oft kein Muss.

Alle relevanten Dinge lernen Sie am Anfang der Tätigkeit. Die Einweisung verläuft von Arbeitgeber zu Arbeitgeber sehr unterschiedlich: Sie bekommen entweder ein „Training on the Job" durch erfahrene Kollegen oder Sie müssen zunächst eine Schulung absolvieren, die –

je nach Komplexität der zu erfüllenden Anforderungen – unterschiedlich lange dauert.

Während der Anlernung müssen Sie sich mit dem Computersystem, den Sicherheitsstandards und sonstigen Richtlinien vertraut machen: Wie liest man ein Ticket? Was darf mit an Bord? Wie viel darf das Gepäck wiegen? Was muss ich bei der Platzvergabe berücksichtigen? Wie wickeln Sie den Einsteigevorgang am Gate ab? Wie bekommen Sie welche Informationen?

Oft ist der Check-in-Mitarbeiter für den Passagier der erste persönliche Kontakt, nachdem der Passagier den Flughafen erreicht hat. Eine freundliche, zugewandte Begrüßung und eine höfliche, kompetente Abwicklung wird nun vom Passagier erwartet.

Der Alltag am Check-in (Schichtarbeit) ist abwechslungsreich und vielseitig, kann jedoch auch sehr stressig sein:

> Eine sehr lange Schlange wartet und die Passagiere in den hinteren Reihen werden langsam ungeduldig.
>
> Der erzürnte Passagier möchte unbedingt mit seiner Frau und seinen beiden Töchtern zusammen sitzen, er bekommt jedoch nur noch vier Einzelplätze über das Flugzeug verteilt. Während der Kunde auf den Check-in-Mitarbeiter einredet und schimpft, muss er parallel den Check-in für die vier Personen abwickeln und das Gepäck einchecken. Eine ‚kurze Zwischenfrage' von anderen Passagieren muss nebenbei freundlich beantwortet werden.
>
> Eine Geschäftsfrau verzweifelt, weil sie wegen der (üblichen) Überbuchung eines Fluges und trotz einer Festbuchung keinen Platz mehr im Flugzeug bekommt.
>
> Ein Passagier wird sehr unhöflich, weil er für sein Übergepäck zusätzlich bezahlen muss.
>
> Handgreifliche, sehr energisch auftretende, fordernde Passagiere sind keine Seltenheit am Counter.
>
> Nach der Abfertigung eines Fluges muss der Check-in-Mitarbeiter unter Zeitdruck die Abschlussarbeiten erledigen,

sich danach beeilen und durch die endlos erscheinenden Flughafenhallen laufen, um rechtzeitig zum nächsten Gate-Einsatz zu kommen.

Passagiere am Gate wollen alle gleichzeitig detailliert Auskunft bekommen, weil der Flieger zwei Stunden Verspätung haben wird.

Weil dichter Schneefall den späten Abflug verhindert, müssen spontan Überstunden geleistet werden.

Das Anforderungsprofil

Die Anforderungskriterien sind nicht so klar umrissen wie bei der Bewerbung zum Flugbegleiter. Größe und Gewicht spielen eine untergeordnete Rolle, ebenso wie die Frage, ob man schwimmen kann, einen Führerschein besitzt oder eine starke Fehlsichtigkeit hat.

Die Anforderungen an die Softskills sind ähnlich wie bei den Flugbegleitern. Kriterien wie eine hohe Serviceorientierung, eine ausgeprägte Kontaktfreudigkeit, ein starkes Verantwortungsbewusstsein und eine sehr hohe Belastbarkeit sollten erfüllt werden, wie auch Teamfähigkeit, Flexibilität und Regelorientierung.

Dass Sie auch in dieser Position ein gepflegtes Erscheinungsbild haben, versteht sich von selbst. Auch sind Sprachkenntnisse (zumindest Englisch) von großem Vorteil. Ein gutes Konzentrationsvermögen, eine strukturierte, organisierte, fehlerfreie Arbeitsweise, das rasche Erkennen von Zusammenhängen und ein komplexes Verständnis für Computer-Anwendungen und Zahlen sind unerlässlich für diese Tätigkeit und müssen im hohen Maße erfüllt werden, um selbst nicht mit der Tätigkeit am Check-in überfordert zu sein.

Ihre Bereitschaft zur Schichtarbeit sollte vorhanden sein. Die Check-in-Arbeit muss auch zu ungewöhnlichen Uhrzeiten und am Wochenende erledigt werden. Wenn der erste Flieger morgens um 3:50 Uhr von der Startbahn abhebt, muss der Check-in-Schalter mindestens zwei Stunden vorher schon besetzt sein.

Wenn Sie nur eine beschränkte Flexibilität mitbringen, lohnt sich eine Anfrage bei den verschiedenen Arbeitgebern, denn einige bieten studenten- oder mütterfreundliche Arbeitszeitmodelle an.

Die Bewerbung

Es gibt keine einheitliche Form der Bewerbung und des Auswahlverfahrens. Am besten nehmen Sie Kontakt mit der Airline / Handling Firma auf, um den richtigen Bewerbungsweg zu erfahren oder Sie informieren sich über das Internet. Bei Lufthansa bewirbt man sich normalerweise online und über das Telefoninterview, bei anderen Firmen mit den üblichen Bewerbungsunterlagen.

Im Unterschied zur Bewerbung als Flugbegleiter benötigen Sie kein Ganzkörperfoto.

Die Online-Tests bei einer Bewerbung als Check-in-Mitarbeiter bei Lufthansa sind umfassender als die Tests zum Flugbegleiter. So werden hier bereits Kriterien wie logisches Denken oder Konzentrationsfähigkeit getestet. Schummeln hilft dem Bewerber vielleicht beim Online-Test in die nächste Runde, aber spätestens im nächsten Bewerbungsschritt (Einladung) wird es weitere Tests geben.

Jedoch gibt es bei Lufthansa – abhängig von den Anforderungen bei der späteren Aufgabe – unterschiedliche Schwierigkeitsgrade bei den Einstellungstests. Wenn ein Bewerber später eine qualifizierte Check-in-Tätigkeit ausführen soll, so sind umfassendere Tests notwendig. Sollte der Bewerber für eine Hilfstätigkeit (z.B. Assistenz bei den Check-in-Automaten) vorgesehen sein, so wird der Testumfang ein geringerer sein.

Ein Aufstieg in der Hierarchie ist nur nach Absolvierung der notwendigen Tests möglich.

Wo Sie sich bewerben können

Einige Airlines haben eigene Mitarbeiter, die den Check-in abwickeln (z.B. Lufthansa in Frankfurt und München).

Wenn es jedoch rentabler für eine Airline ist, kauft sie den Check-in-Service extern ein (z.B. lässt Lufthansa in Berlin die Handlingfirma GlobeGround den Check-in abwickeln).

Folgende Anbieterfirmen gibt es:

- Airlines bieten ihre Dienste auch anderen Airlines an, z.B. fertigen Lufthansa-Mitarbeiter auch die Flüge für United Airlines ab,
- Flughafenbetreiber, z.B. Fraport (Frankfurt/Main),
- Handling Agenturen, z.B. AHS (Aviation Handling Service).

Um zu erfahren, bei welcher Firma eine Bewerbung sinnvoll ist, können Sie im Internet surfen, bei den Airlines, Flughafenbetreibern und Jobvermittlungen anrufen und/oder zum Flughafen fahren, um direkt die Check-in-Angestellten nach Kontaktadressen zu fragen.

Hier finden Sie eine kleine Auswahl von Firmen (alfabetisch), die zum Teil auch andere interessante Tätigkeiten am Flughafen anbieten.

AHS Aviation Handling Service (deutschlandweit aktiv)
www.ahs-de.com

aerogate München GmbH
www.aerogate.de

Air France (z.B. Berlin, Frankfurt, München)
www.airfrance.de

Aviapartner (z.B. Hannover, Köln, Düsseldorf, München)
www.aviapartner.aero

Fraport (Flughafenbetreibergesellschaft Frankfurt / Main)
www.fraport.de

GlobeGround Berlin
www.globeground-berlin.com

Köln Bonn Flughafen (Flughafenbetreibergesellschaft)
www.koeln-bonn-airport.de

Lufthansa (vorwiegend für München und Frankfurt)
www.be-lufthansa.de

Swissport (Handling-Firma; deutschlandweit aktiv)
www.swissport.com

Verdienstmöglichkeiten

Lufthansa zahlt für eine Einstiegsposition am Check-in in Frankfurt 1019,11 Euro (Stand Mai 2007) für eine 24-Stunden Woche im flexiblen Teilzeitmodell (zzgl. 13. Monatsgehalt und etwaige Schichtzulagen, Angaben ohne Gewähr).

Es werden sehr gerne Teilzeitpositionen in diesem Bereich angeboten. Nähere Informationen erhalten Sie von der jeweiligen Firma.

8 Englischtest

Nehmen Sie sich für den Englischtest etwas Zeit. Arbeiten Sie den Test zügig ohne Pause durch, ohne Hilfsmittel (z.B. Wörterbuch) zu benutzen. Nur so hilft Ihnen die Testauswertung wirklich und sagt Ihnen etwas über den derzeitigen Stand Ihrer Englischkenntnisse.

Es sind 30 Aufgaben, die den Bereich Grammatik, Wortschatz und Allgemeinbildung abdecken. Der Test erhebt keinen Anspruch darauf, alle Gebiete der englischen Sprache abzudecken. Bitte entscheiden Sie sich bei jeder Aufgabe für eine Antwort. Es ist immer nur eine Lösung richtig. Selbst wenn formal eine andere Lösung passen würde, so ist dennoch immer nur eine Lösung die naheliegendere und bessere. Wenn Sie die richtige Antwort nicht wissen, oder Sie sehr unsicher sind, entscheiden Sie sich bitte für die Antwort „e – weiß nicht / unsicher". Bemühen Sie sich, die Aufgabe auch dann zu lösen, wenn Sie eine Vokabel nicht kennen. Entscheiden Sie sich im Zweifel bitte für „e".

Die Reihenfolge, in der Sie die Aufgaben lösen, ist egal.

Die Auswertung finden Sie am Ende des Tests. Werfen Sie bitte keinen Blick darauf, bevor Sie den Test beendet haben!

Die Testergebnisse lassen nicht verbindlich darauf schließen, wie Sie bei dem Englischtest der jeweiligen Airline abschneiden werden.

Es geht darum, sich eine grobe Orientierung über Ihren derzeitigen, eigenen Kenntnisstand zu verschaffen. Es kann lediglich eine oberflächliche Beurteilung erfolgen. Für eine fundierte Beurteilung müssten umfangreichere und mündliche Tests stattfinden. Bitte betrachten Sie den Test als spielerische Anregung. Er hat keinen wissenschaftlichen Anspruch.

Die Urheberrechte des Tests liegen bei der Autorin. Er darf nur für private, nicht gewerbliche Zwecke verwendet und darf nicht kopiert werden.

Wenn Sie mit allen Spielregeln einverstanden sind, dann nehmen Sie einen Stift, und es kann los gehen! Viel Spaß!

Teil 1: Vokabeln, Allgemeines, Redewendungen

1 Every cloud has a ____________ lining.

a) golden

b) hidden

c) silver

d) rainy

e) weiß nicht / unsicher

2 ____________ is a French city.

a) Genoa

b) Geneva

c) Venice

d) Nice

e) weiß nicht / unsicher

3 He ____________ a glimpse of the black cat.

a) saw

b) cut

c) caught

d) demanded

e) weiß nicht / unsicher

4 Her favourite ____________ is strawberry cake.

a) dish

b) table

c) eat

d) course

e) weiß nicht / unsicher

5 Look, there is a candle. Can you please strike ____________ ?

a) yourself

b) a ghost story

c) the curtain

d) a match

e) weiß nicht / unsicher

6 "Alea iacta est" means "the ____________ is cast".

a) die

b) decision

c) ball

d) camouflage

e) weiß nicht / unsicher

7 ____________ he was angry he listened to me patiently.

a) though

b) in spite of

c) nevertheless

d) but

e) weiß nicht / unsicher

8 A man whose working material is a scalpel is a / an ___________.

a) sculptor

b) surgeon

c) architect

d) painter

e) weiß nicht / unsicher

9 Why – for heaven's ___________ – did you do that?

a) will

b) choice

c) goodness

d) sake

e) weiß nicht / unsicher

Teil 2: Grammatik

10 Yesterday she ___________ blue boots.

a) weared

b) wore

c) worn

d) has worn

e) weiß nicht / unsicher

11 I am interested ___________ your offer.

a) in

b) on

c) by

d) with

e) weiß nicht / unsicher

12 If you ___________ a moment I will come with you.

a) will wait

b) would wait

c) wait

d) waited

e) weiß nicht / unsicher

13 ___________ you ever ___________ a tadpole?

a) did / see

b) have / eat

c) did / eat

d) have / seen

e) weiß nicht / unsicher

14 Mary __________ her suitcase and had to borrow Tom's pyjamas.

a) had lost

b) losed

c) lost

d) would have lost

e) weiß nicht / unsicher

15 Ann is the ____________ .

a) most pretty

b) most tall

c) most doubtfully

d) cleverest

e) weiß nicht / unsicher

16 Your tea is as good ____________ the tea my wife makes.

a) like

b) as

c) than

d) how

e) weiß nicht / unsicher

17 I'm afraid there isn't ____________ coffee left!

a) some

b) many

c) any

d) less

e) weiß nicht / unsicher

18 He sits at ____________ desk all day and all night.

a) her

b) its

c) him

d) his

e) weiß nicht / unsicher

19 The policeman __________ reported the accident had black hair.

a) that

b) whose

c) which

d) what

e) weiß nicht / unsicher

20 She was a / an ____________ dancer.

a) ugly

b) well

c) worst

d) slowly

e) weiß nicht / unsicher

21 Asparagus is more expensive ____________ cabbage.

a) than

b) as

c) like

d) then

e) weiß nicht / unsicher

22 She worked ________ . Now she is the president of the company.

a) hardlier

b) hardly

c) hard

d) sincere

e) weiß nicht / unsicher

23 She fell ___________ the swimming pool.

a) in

b) at

c) until

d) into

e) weiß nicht / unsicher

24 I'm looking forward to ___________ him.

a) see

b) meeting

c) prognosticate

d) telescoping

e) weiß nicht / unsicher

25 Since 1965 black Americans __________ to vote in all elections.

a) are able

b) were able

c) have been able

d) had been able

e) weiß nicht / unsicher

26 He could see seven ___________ through his window.

a) shepherd

b) sheeps

c) shep

d) sheep

e) weiß nicht / unsicher

27 "The Old Man and the Sea" ____________ Edgar Allan Poe.

a) was not written by

b) was painted by

c) wrote

d) was sculptured from

e) weiß nicht / unsicher

28 This ____________ heavy on my mind 20 years ago.

a) laid

b) lay

c) lied

d) layed

e) weiß nicht / unsicher

29 If he had a torch he ____________ the book in the tent.

a) reads

b) would read

c) read

d) would have read

e) weiß nicht / unsicher

30 He has ____________ coffee in his cupboard.

a) much

b) many

c) a lot

d) plenty

e) weiß nicht / unsicher

Die Auswertung

Teil 1 (Vokabeln, Allgemeines, Redewendungen)

Bitte notieren Sie neben Ihrer Antwort ein ***R*** bei jeder richtigen und ein ***F*** bei jeder falschen Antwort. Notieren Sie ein ***E***, wenn Sie sich für die Antwort „e – weiß nicht, unsicher“ entschieden haben.

Hier ist die Lösung für Teil 1: 1 c; 2 d; 3 c; 4 a; 5 d; 6 a; 7 a; 8 b; 9 d

Tragen Sie die Anzahl R, F und E für die Fragen 1-9 in Ihren Lösungsspiegel:

R	***F***	***E***	***R+F+E***
			9

Anzahl R

Aufgrund des Schwierigkeitsgrades der Fragen muss ein schlechtes Abschneiden nicht zwangsläufig heißen, dass Sie der Sprache nicht mächtig sind.

7-9 R: Diese gute Quote lässt auf tiefgreifende Kenntnisse der englischen Sprache und ein gutes Sprachgefühl schließen.

3-6 R: Sie liegen Sie im Normbereich.

0-2 R: Zugegeben, die Fragen waren nicht einfach. Empfehlung: Lesen Sie fleißig englische Texte, um eine noch bessere Basis zu bekommen.

Anzahl F

0-2 F: Fehler zu machen ist menschlich und normal. Eine gewisse Fehlerquote ist nachvollziehbar und akzeptabel.

3-6 F: Sie tendieren dazu, Ihre Englischkenntnisse zu überschätzen.

7-9 F: Sie schätzen Ihre Englischkenntnisse besser ein, als sie tatsächlich sind. Daher empfiehlt es sich, die eigenen Englischkenntnisse auf einen ehrlichen Prüfstand zu stellen und gegebenenfalls nachzuarbeiten.

Versuchen Sie für sich selbst zu analysieren, warum Sie die Fragen falsch beantwortet haben.

Haben Sie sich die Fragen oberflächlich durchgelesen und vorschnell geantwortet?

Waren Sie sich relativ sicher, dass sie die richtige Antwort angekreuzt haben und sind es noch immer?

Waren die anderen Antworten so falsch, dass Sie in Ihrer Antwort die einzige richtige Möglichkeit gesehen haben?

Haben Sie sich für die bestmögliche Antwort entschieden, weil Sie sich nicht eingestehen wollten, dass Sie die Lösung nicht wissen?

Anzahl E

0-6 E: Aufgrund des Schwierigkeitsgrades einiger Aufgaben war es tatsächlich nicht leicht, wirklich alle Antworten zu kennen.

Sofern Sie höchstens 2 F haben, und je weniger E Sie haben, desto besser ist die Selbsteinschätzung Ihrer Englischkenntnisse.

7-9 E: Konnten Sie die Fragen nicht beantworten, weil Sie die Lösung nicht wussten?

Oder waren Sie eher unsicher und Sie hatten die Befürchtung, eine falsche Antwort anzukreuzen?

Eine Auffrischung und Festigung der englischen Sprache ist von Vorteil. Sie sollten mehr Sicherheit bekommen.

Teil 2 (Grammatik)

Für die Beurteilung Ihrer grammatikalischen Kenntnisse werten Sie bitte die restlichen Antworten aus.

Bitte verfahren Sie so, wie beim ersten Teil. Vergeben Sie für jede richtige Antwort ein ***R***, für jede falsche Antwort ein ***F***, und für jede Frage, bei der Sie sich für „e – weiß nicht, unsicher“ entschieden haben, ein ***E***.

Hier sind die Lösungen der restlichen 21 Fragen: 10 b; 11 a; 12 c; 13 d; 14 a; 15 d; 16 b; 17 c; 18 d; 19 a; 20 a; 21 a; 22 c; 23 d; 24 b; 25 c; 26 d; 27 a; 28 b; 29 b; 30 a.

Zählen Sie nun bitte jeweils die Anzahl R, F und E zusammen.

Tragen Sie hier bitte Ihr Ergebnis ein:

R	***F***	***E***	***R+F+E***
			21

Anzahl R

19-21 R: Sie verfügen über eine sehr gute Basis. Eine gute Kommunikation (sofern keine Sprachhemmung vorhanden) ist möglich.

15-18 R: Sie können grammatikalische Schwächen nachbessern, um kleinere Unebenheiten in der Sprache zu korrigieren.

10-15 R: Sie haben befriedigende Grundkenntnisse. Jedoch bedarf es der Wiederholung, um Ihre Lücken zu füllen.

Weniger als 10 R: Ihre grammatikalischen Kenntnisse sind ausbaufähig.

Anzahl F

0-4 F: Eine gewisse Fehlerquote ist nachvollziehbar und normal.

5-10 F: Sie tendieren dazu, Ihre Englischkenntnisse zu überschätzen. Sie sollten darüber hinaus gewisse Themenbereiche wiederholen.

mehr als 10 F: Sie überschätzen Ihren Wissenstand. Bitte fragen Sie sich, warum Sie sich so oft für die falsche Antwort entschieden haben, anstatt sich für „e – weiß nicht, unsicher“ zu entscheiden.

Eine Wiederholung ist ratsam.

Anzahl E

0-6 E: Befindet sich im Normbereich. Sofern Sie nur bis zu 4 F haben, können Sie ihre Englischkenntnisse gut einschätzen.

6-11 E: Sie sollten Themenbereiche wiederholen, wenn Sie sich bei der Beantwortung unsicher waren oder die Lösung nicht wussten.

mehr als 11 E: Es bedarf der Wiederholung und der Festigung.

Vokabeln

Hier ist eine Aufzählung einiger Vokabeln, die im Text Verwendung gefunden haben.

Bitte kreuzen Sie alle Vokabeln an,

- die Sie nicht gekannt haben,
- die Sie vielleicht schon gehört haben, aber deren Bedeutung Sie nicht genau kennen.

Accident, asparagus, blew, boots, borrow, cabbage, camouflage, caught, cloud, curtain, decisions, demanded, desk, doubtfully, elections, glimpse, hardly, fell, hidden, in spite of, match, nevertheless, offer, prognosticate, sake, sculptor, shepherd, sincere, surgeon, tadpole, telescoping, though, torch, ugly, wife, wore.

Zählen Sie nun die Vokabeln, die Sie nicht gekannt haben.

0-5 unbekannte Vokabeln

Sie haben einen guten Wortschatz. Kompliment!

Sollten Sie solche exotische Vokabeln wie camouflage, surgeon oder tadpole nicht kennen, wird Ihnen dies keiner verübeln.

6-15 unbekannte Vokabeln

Sie verfügen über einen befriedigenden Wortschatz, der erweitert werden kann.

mehr als 15 unbekannte Vokabeln

Ihr Wortschatz weist Lücken auf. Lesen Sie regelmäßig englische Texte, um Ihren Wortschatz spürbar zu erweitern.

Die Lösungen

1 Every cloud has a silver lining.
Eine Redewendung, vergleichbar mit: „Auf Regen folgt stets Sonnenschein".

2 Nice is a French city.
Diese Frage kann man nur beantworten, wenn man die englischen Bezeichnungen der Städte kennt, darüber hinaus noch über genügend Geografiekenntnisse verfügt. Genoa (Genua) und Venice (Venedig) liegen in Italien, Geneva (Genf) in der Schweiz. Nur Nice (Nizza) ist eine Stadt in Frankreich.

3 He caught a glimpse of the black cat.
„To catch a glimpse" ist eine Redewendung, bedeutet so viel wie "einen Blick erhaschen". Alle anderen Verben passen nicht; glimpse = flüchtiger Anblick

4 Her favourite dish is strawberry cake.
dish = das Gericht, die Speise.
„Table“ bedeutet Tisch / Tafel; „eat“ ist ein Verb (müsste in diesem Kontext „eating“ heißen); „course“ bedeutet (im Zusammenhang mit Essen) Gang.

5 Look, there is a candle. Can you please strike a match ?
Redewendung für “ein Streichholz anzünden”. Die anderen Lösungen sind inhaltlich unsinnig.

6 “Alea iacta est” means “the die is cast”.
Geneigten “Asterix und Obelix”-Lesern dürfte dieser lateinische Spruch bekannt sein: “Der Würfel ist gefallen”; die = Würfel
Auch ohne das lateinische Sprichwort zu kennen, kommt als gängige Redewendung nur “the die is cast” in Frage.

7 Though he was angry he listened to me patiently.
Though (= obwohl) wird als Konjunktion (Verbindung von Gliedsätzen) verwendet. In spite of (= trotz) kann nur als Präposition verwendet werden (z.B. in spite of the weather), nevertheless (= nichtsdestoweniger) und but (= aber) passen nicht.

8 A man whose working material is a scalpel is a / an surgeon .
surgeon = Chirurg; scalpel = Skalpell; sculptor = Bildhauer

9 Why – for heaven’s sake – did you do that?
For heaven‘s sake (= um Himmels willen) ist eine Redewendung, die sehr gebräuchlich ist.

10 Yesterday she wore blue boots.
to wear – wore – worn. Durch das Signalwort “yesterday” geht hervor, dass hier nur simple past in Frage kommt. (boots = Stiefel)

11 I am interested in your offer.
to be interested in = an etwas interessiert sein

12 If you wait a moment I will come with you.
Sollten Sie sich hier für eine andere Lösung entschieden haben, wiederholen Sie die Regeln für die if-clauses noch einmal (speziell hier: if-clause, Type 1).

13 Have you ever seen a tadpole?
“Ever” ist ein Signalwort für present perfect. Selbst wenn man nicht weiß, was tadpole (= Kaulquappe) heißt, kommt nur “have / seen” in Frage; “have / eat” ist die falsche grammatikalische Form.

14 Mary had lost her suitcase and had to borrow Tom's pyjamas.
Hier muss das past perfect angewendet werden, weil Mary nach Toms Pyjama fragen musste, nachdem sie ihren Koffer verloren hatte. Wegen der zeitlichen, logischen Reihenfolge kommt nichts anderes in Frage.

15 Mary is the cleverest .
Dies ist das einzige Adjektiv, welches richtig gesteigert wurde.
Die anderen Adjektive müssten korrekt heißen: prettiest, tallest oder most doubtful (= zweifelhaft).

16 Your tea is as good as the tea my wife makes.
"as...as" (= so....wie) wird bei ebenbürtigen Vergleichen unter Verwendung des regulären Adjektivs (good) herangezogen.
(Vergleiche: Your tea is better than the tea my wife makes.).

17 I'm afraid there isn't any coffee left!
"Any" wird in verneinten Sätzen ("isn't") benutzt.

18 He sits at his desk all day and all night.
"His" ist ein männliches, besitzanzeigendes Fürwort – nichts anderes kommt hier in Frage.

19 The policeman that reported the accident had black hair.
Als Relativpronomen für Personen kann man nur "who" oder "that" verwenden. (reported = aufnehmen, berichten; accident = Unfall)

20 She was an ugly dancer.
"Ugly" (= hässlich) ist das einzige Adjektiv; "worst" als Superlativ von „bad" passt nicht.

21 Asparagus is more expensive than cabbage.
Auch ohne die Bedeutung von „asparagus" (= Spargel) oder "cabbage" (= Kohl) zu kennen, muss "than" benutzt werden. Wären beide gleich teuer, müßte „as....as" angewendet werden (vgl. hierzu Frage 16).

22 She worked hard . Now she is the president of the company.
Hier muss ein Adverb (Wie arbeitet sie?) verwendet werden. Da "hard" sowohl als Adjektiv als auch als Adverb verwendet wird, kommt nur "hard" in Frage.
Achtung: "hardly" heißt „kaum". (sincere = aufrichtig, ehrlich)

23 She fell into the swimming pool.
"Into" deshalb, weil es sich hierbei um eine Bewegung in den Pool hinein handelt.

24 I'm looking forward to ***<u>meeting</u>*** ***him.***
Bei "forward to" handelt es sich um eine Präposition, die normalerweise ein Gerundium (-ing-Form) nach sich zieht. Insofern kommt nur eine ing-Form in Frage, wobei "telescoping" (= ineinanderschieben) wenig Sinn macht. (prognosticate = vorhersagen)

25 Since 1965 black Americans ***<u>have been able</u>*** ***to vote in all elections.***
Since ist das Signalwort für "present perfect".

26 He could see seven ***<u>sheep</u>*** ***through his window.***
"Sheep" ist sowohl die Singular- als auch die Pluralform von sheep (= Schaf). shepherd = Schäfer.

27 "The Old Man and the Sea" ***<u>was not written by</u>*** ***Edgar Allan Poe.***
Die Satzstellung verlangt ein passives Verb, wobei der Urheber mit Hilfe der Präposition "by" bestimmt wird. Da es sich bei "The Old Man and the Sea" um ein Buch, welches übrigens von Ernest Hemingway geschrieben wurde, handelt, kann nur Lösung a in Frage kommen.

28 This ***<u>lay</u>*** ***heavy on my mind 20 years ago.***
"lie – lay – lain" (= liegen), nicht zu verwechseln mit „lay – laid – laid" (= legen). Da es sich um einen Vorfall von vor 20 Jahren handelt und bereits abgeschlossen ist, bedarf es der Vergangenheitsform (simple past).

29 If he had a torch he ***<u>would read</u>*** ***the book in the tent.***
Hierbei handelt es sich um die richtige Anwendung der if-clauses (hier: if-clause type 2).
torch = Taschenlampe, tent = Zelt

30 He has ***<u>much</u>*** ***coffee in his cupboard.***
Da es sich bei „coffee" um eine unzählbare Menge handelt, muss "much" verwendet werden und nicht „many".
"a lot" und "plenty" verlangen ein "of".

9 Abkürzungen / Fliegerlatein (kleine Auswahl)

A/C	Abk. für Aircraft (=Flugzeug)
Airborn	Das Flugzeug ist abgehoben, hat keinen Bodenkontakt mehr
Airline	Fluggesellschaft
Aisle Seat	Gangplatz
Arbeitsposition	Vor dem Flug definierter Arbeitsbereich an Bord
Bin	Staufächer über den Passagiersitzen
Blockzeit	die Zeit vom Losrollen des Flugzeugs am Abflughafen bis zum endgültigen Stillstand des Flugzeugs am Zielort
Boarding	Einsteigevorgang
Boarding Card	Zettel, auf dem u.a. Sitzplatz, Boarding Time und Gate vermerkt sind
Boarding Time	die Uhrzeit, wann der Einsteigevorgang beginnt
Briefing	Crewbesprechung vor dem Flug
C (C/Cl)	Abk. für Business Class
CA	Abk. für Cabin Attendant (Flugbegleiter)
Cargo	Luftfracht
Catering	Lieferung der Mahlzeiten und Getränke für den Service an Bord
Codeshare	Ein Flug, der unter verschiedenen Flugnummern von verschiedenen Airlines angeboten wird.
CPT	Abk. für Kapitän
Dead Head	Dienstlicher Flug als Passagier zum/vom Einsatzflughafen
Delay	Verspätung
Direktflug	Zwischenlandungen zum Zielort sind möglich (vgl. Nonstop-Flug)
Domestic Flight	Inlandsflug
Economy	Abk. Y, vergleichbar mit der Touristenklasse (Abk. M);

Class	normalerweise die günstigste Art zu fliegen
Emergency	Notfallsituation; oftmals wird das Sicherheitstraining im Lehrgang so bezeichnet
Etix	Elektronisches Flugticket
F (F/Cl)	Abk. für First Class, häufig bei Interkontinental-Flügen; die teuerste Art zu fliegen
FB	Abk. für Flugbegleiter
FO	Abk. First Officer, off. Bezeichnung des Co-Piloten
Galley	Bordküche
Gangway	Treppe, die als Einstiegshilfe zum Flugzeug geschoben wird
Gate	Flugsteig zur Abfertigung der Passagiere
GMT	Greenwich Mean Time (die Zeit, gemessen am nullten Längengrad, der durch Greenwich führt)
Hub	Drehscheiben-/Zubringerflughafen – hier werden die regionalen Flüge mit den internationalen Flügen verbunden; in Deutschland hauptsächlich Frankfurt und München.
IATA	Abk. für International Air Transport Association, Organisation der Fluglinien
In-Flight Entertainment	Unterhaltungsprogramm an Bord (z.B. Film, Musik)
Jetlag	Zeitverschiebung bei Flügen durch mehrere Zeitzonen, d.h. über verschiedene Längengrade hinweg (z.B. von Los Angeles nach Frankfurt; nicht jedoch von Johannesburg nach Frankfurt, weil diese beiden Städte auf einem ähnlichen Längengrad liegen)
Knoten	Nautische Meile = 1,852 km
Layover	Zwischenaufenthalt vor Ort, nicht am Heimatflughafen
Leg	eine Flugstrecke, begrenzt durch Start und Landung
Local Time	Ortszeit
Locker	Schließfach
Lost & Found	Schalter zur Gepäckermittlung (für verlorenes Gepäck)
M (M/Cl)	Abk. für Tourist Class
Maintenance	Wartung

No Shows	Gebuchte Passagiere, die nicht zum Abflug erschienen sind
Nonstop-Flug	Flug zu einem Zielflughafen ohne Zwischenstopp
PAX	Abk. für Passagier
Preboarding	Vorgezogener Einsteigevorgang für Passagiere, die besondere Unterstützung brauchen, z.B. Behinderte
Purser/ette	Kabinenverantwortlicher, Chefsteward/ess
Refund	Erstattung
Row	Sitzreihe
Schedule	Flugplan
Seat Belt	Sicherheitsgurt
Security Check	Sicherheitsüberprüfung, muss jeder Fluggast vor dem Betreten eines Flugzeuges über sich ergehen lassen
Standby	Mitnahme im Flugzeug nur bei freien Plätzen
Terminal	Flughafenhalle, in dem die Flüge abgefertigt werden
Three-Letter-Code	im internationalen Luftverkehr offiziell gebräuchliche Abk. für Flughäfen, z.B. FRA für Frankfurt, BKK für Bangkok
TIX	Abk. für Ticket
Tower	Kontrollturm, in dem die Fluglotsen den Flugverkehr überwachen
Trolley	Servicewagen mit Essen und/oder Getränken
UTC	Universal Time Coordinate; Weltzeit, in Paris gemessen, dient als Berechnungsgrundlage für internationale Ortszeiten
Void	ungültig
Voucher	Gutschein
Window Seat	Fensterplatz
Y (Y/Cl)	Economy Class
Zubringerflug	Flug von kleineren Flughäfen zu den Hubs

10 Deutsche Flughäfen im Internet

Berlin	www.berlin-airport.de
Bremen	www.airport-bremen.de
Dortmund	www.flughafen-dortmund.de
Dresden	www.dresden-airport.de
Düsseldorf	www.duesseldorf-international.de
DUS Weeze	www.flughafen-niederrhein.de
Frankfurt/Main	www.airportcity-frankfurt.de
	www.fraport.de
Frankfurt-Hahn	www.hahn-airport.de
Hamburg	www.ham.airport.de
Hannover	www.hannover-airport.de
Hof/Plauen	www.airport-hof.de
Kiel	www.airport-kiel.de
Köln/Bonn	www.koeln-bonn-airport.de
Leipzig/Halle	www.leipzig-halle-airport.de
München	www.munich-airport.de
Münster	www.flughafen-fmo.de
Nürnberg	www.airport-nuernberg.de
Paderborn	www.flughafen-paderborn-lippstadt.de
Rostock/Laage	www.rostock-airport.de
Saarbrücken	www.flughafen-saarbruecken.de
Stuttgart	www.stuttgart-airport.com

11 Einige Erfahrungsberichte und sonstige Geschichten

Die Autorin hat einige Flugbegleiter und eine Check-in-Mitarbeiterin gebeten, aus ihrem Leben zu berichten, über ihren Job, über ihre Probleme, über ihre Freuden, über den Alltag und über die Besonderheiten – eben über die Dinge, über die sie gerne im Zusammenhang mit ihrem Beruf berichten würden.

Alle ausgewählte Geschichten, die hier veröffentlicht werden, wurden leicht überarbeitet, von der Redaktion nach einem Interview sinngemäß zusammengefasst und ggf. gekürzt. In jedem Fall wurden die Namen geändert; das Geschlecht, die Altersangabe und die Berufserfahrung sind authentisch geblieben. Die Flugbegleiter arbeiten für unterschiedliche Airlines; Hinweise auf eine bestimmte Airline wurden vermieden oder leicht verändert dargestellt.

Gerade diese zugesicherte Anonymität erlaubte den Airline-Mitarbeitern die große Freiheit, völlig offen und ehrlich zu berichten. Es sind sehr unterschiedliche, interessante, bewegende, amüsante oder auch nachdenkliche Geschichten dabei herausgekommen.

Katja, 28 Jahre, Flugbegleiterin seit 6 Jahren

Ich fliege seit über 6 Jahren mit sehr viel Spaß! Ich kann mir keinen schöneren Beruf für mich vorstellen.

Am Anfang bin ich gemischt geflogen, das heißt, ich bin sowohl innereuropäisch als auch interkontinental geflogen. Seit einem Jahr fliege ich nur noch weltweit, habe seitdem mehr Freizeit zu Hause, dafür bin ich, wenn ich einen Einsatz habe, mindestens 3 zusammenhängende Tage unterwegs, oft länger. Dieser Rhythmus liegt mir sehr.

Ich habe einige Kollegen, die lieber Kurzstrecke fliegen, weil die Kurzstreckenflüge nicht so lange dauern, und die Chancen größer sind, abends wieder zu Hause zu sein. Da ich solo bin, wartet auf mich abends sowieso niemand, und daher ist es mir egal.

Manchmal bin ich wegen der langen Flüge schon ein wenig genervt. Vor allem die Nachtflüge ziehen sich manchmal endlos. Aber dafür werde ich meistens durch ein schönes Hotel am Zielort entlohnt. Manchmal gibt es schon Kakerlaken im Zimmer, aber ich denke, es gibt Schlimmeres.

Am Anfang habe ich mir immer fleißig die Städte angeschaut, in denen ich übernachtet habe. Aber mit der Zeit lässt die Faszination der großen Welt leider etwas nach, und ich freue mich, wenn ich meine Ruhe im Hotelzimmer oder am Pool habe. Ich entspanne dann gerne bei einem guten Buch.

Melanie, 24 Jahre, fliegt seit 2 Jahren

Problem Wohnort

Als ich noch Teenie war, habe ich die Tante einer Klassenkameradin kennen gelernt. Diese war Flugbegleiterin und sie erzählte aus ihrem aufregenden Flugbegleiterleben und dass sie dadurch die ganze Welt inzwischen kennt. Sie wohnte, wie ich, etwas außerhalb von Hamburg, und sie ist immer zu ihren Einsätzen nach Frankfurt geflogen.

Ich war damals so beeindruckt von ihren Erzählungen, dass ich das genauso machen wollte. Mein Ziel war es nun, unbedingt Flugbegleiterin zu werden. Meine erste Bewerbung mit 18 Jahren scheiterte kläglich. Ich habe mich jedoch 4 Jahre später erneut beworben, dieses Mal erfolgreich. Und vor 2 Jahren habe ich endlich angefangen!

Ursprünglich dachte ich, ich könne jedes Mal kostenlos zu meinem Einsatz nach Frankfurt fliegen, also auf Kosten meines Arbeitgebers. Schließlich ist es ja in seinem Interesse, dass ich pünktlich zum Einsatz nach Frankfurt komme.

Aber dann habe ich erfahren, dass das eine Fantasie- und Wunschvorstellung von mir gewesen war. Logisch – wenn im Anforderungsprofil steht, dass ich in der Nähe des Einsatzflughafens wohnen soll, kann es nicht die Sache der Airline sein, mir die Anfahrt zu bezahlen. Ich habe verstanden, dass es mein Privatvergnügen sein würde.

Ich habe dennoch natürlich nicht im Traum daran gedacht, nach Frankfurt zu ziehen. Auf der anderen Seite wollte ich aber Langstrecke fliegen, was ich von Hamburg aus nicht konnte.

Bei der Einstellung gab ich an, eine Wohnung in Frankfurt zu haben. Die Schwester meines Vaters wohnt dort, insofern war es nicht so schwierig, eine Frankfurter Adresse anzugeben.

Während meines Lehrgangs in Frankfurt habe ich dann auch tatsächlich bei meiner Tante gewohnt. Um ganz ehrlich zu sein – ich verstehe mich nicht so toll mit meiner Tante, und die 8 Wochen Lehrgang am Stück waren auch wegen meiner Wohnsituation sehr anstrengend.

In den ersten 6 Monaten meiner Zugehörigkeit bei der Airline konnte ich leider noch nicht auf Flugvergünstigungen zurückgreifen, weshalb meine Heimfahrten nach Hamburg doch recht teuer wurden. Manchmal hat mir meine Mutter die Fahrt bezahlt. Ich fuhr mit dem Zug, weil mir der volle Flugpreis einfach zu teuer war. Oft musste ich dennoch bei meiner Tante übernachten, hin und wieder hat es auch geklappt, dass ich bei einer Kollegin, die ich im Lehrgang kennen gelernt hatte, übernachten konnte.

Inzwischen kann ich vergünstigt mit einem Standby-Ticket fliegen, das bedeutet jedoch, dass ich mit einem solchen Ticket keinen Sitzplatzanspruch im Flugzeug habe. Nur wenn kurz vor Abflug des Flugzeugs feststeht, dass noch ein Sitzplatz frei bleibt, habe ich die Möglichkeit, nach Frankfurt zu fliegen. Aber das ist oftmals nicht so einfach. Es gibt außer mir noch einige andere Kollegen, die in Hamburg wohnen und in Frankfurt stationiert sind. Aber auch viele Kollegen aus der Verwaltung müssen zwischen Hamburg und Frankfurt pendeln, und dann gibt es auch noch die Kollegen, die aus sonstigen privaten Gründen mit ihren Flugvergünstigungen die Gelegenheit nutzen, um nach Frankfurt zu fliegen. Die Strecke Hamburg – Frankfurt ist bei meiner Airline eine klassische Rennstrecke. Und wenn dann mit mir noch ungefähr 20 andere Stand-by-Passagiere auf eine Mitnahme hoffen, ziehe ich oft den kürzeren und bleibe stehen, weil ich noch nicht so lange für das Unternehmen tätig bin. Da zählt dann hauptsächlich die Seniorität, das bedeutet, je länger jemand für die Airline tätig ist, desto größer sind die Chancen, mitgenommen zu werden. Davon und von all den anderen Problemen hatte mir die

Flugbegleiterin, die Tante meiner Klassenkameradin, damals nichts gesagt. Wahrscheinlich war die schon so alt, dass sie wegen der Seniorität keine Probleme hatte.

Außerdem flog sie wahrscheinlich ausschließlich interkontinental. Ich hingegen fliege auch kontinentale Strecken, manchmal habe ich nur einen Tageseinsatz. Falls ich am nächsten Tag wieder zum Dienst antreten muss, lohnt sich die Heimreise nach Hamburg gar nicht erst.

Wenn ich Rufbereitschaft habe, versuche ich direkt bei der Einsatzzentrale den erstbesten Einsatz zu bekommen. Bis dahin warte ich fertig gerüstet im Crew Café bei einer Tasse Kaffee.

Leider bin ich noch immer auf den Goodwill meiner Tante angewiesen, sei es, wenn ich spontan eine Übernachtungsmöglichkeit in Frankfurt brauche, oder wenn mal wieder Post von meinem Arbeitgeber gekommen ist. Ich habe mich noch nicht getraut, meine Hamburger Adresse anzugeben. Ich habe Angst, dass ich mal in Hamburg stehen bleibe und nicht rechtzeitig zu meinem Einsatz nach Frankfurt komme. Wenn die Einsatzzentrale dann sieht, dass ich in Hamburg wohne, habe ich die Befürchtung, dass die gleich checken, was läuft.

Durch diese ungebuchten Flüge verliere ich natürlich immer viel Zeit, weil ich stets 2 oder 3 Flüge – je nach Buchungslage – als Ausweichpuffer einplanen muss. Auch der Heimflug ist sehr beschwerlich, wenn ich nach einem Nachtflug endlos müde bin, und ich dann auch noch so furchtbar lange am Flughafen in Frankfurt auf einen eventuellen Weiterflug nach Hamburg warten muss.

Ich habe auf jeden Fall vor, mir in absehbarer Zeit nun doch eine eigene Bleibe in Frankfurt zu suchen. Das macht mich unabhängig, und außerdem ist Frankfurt zwar nicht ganz so schön wie Hamburg, aber auch nicht schlecht.

Zum Thema „Schönheit"

Als ich Teenager war, habe ich sehr darunter gelitten, weil ich meine Beine zu kurz und zu dick fand. Außerdem habe ich ein Muttermal am Bauch, welches mich dazu gezwungen hat, im Schwimmbad immer einen Badeanzug anzuziehen. Was war ich neidisch, auf die anderen Mädels in meiner Klasse, die lange, schlanke Beine hatten, und am Wochenende immer mit sexy, bauchfreien Oberteilen in die Disko gegangen sind.

Heute sehe ich das mit Humor. So im Nachhinein stelle ich fest, dass ich mich nur mit den tollsten Mädchen der Klasse und mit irgendwelchen Stars, insbesondere Claudia Schiffer, verglichen habe. Ich habe natürlich auch heute noch zu kurze Beine – wie sollte es anders sein, aber das stört mich nicht mehr. Wahrscheinlich habe ich gar keine zu kurzen Beine, sondern eher normale.

Und mit meinem Muttermal habe ich auch kein Problem mehr. Ich kann gar nicht sagen, warum mich dieses nicht mehr stört, vielleicht weil ich nicht mehr so viel Zeit habe wie früher, mir Gedanken um so unwichtige Kleinigkeiten zu machen und mich zu bemitleiden. Meine Freunde mögen mich so, wie ich bin.

Meine Vorstellungsgespräche

Ich habe mich schon kurz vor meinem Abitur als Flugbegleiterin beworben. Ich kann mir sehr gut vorstellen, dass ich bei meinem ersten Vorstellungsgespräch mit 18 insgesamt ziemlich unreif gewirkt habe. Ich wollte zum Vorstellungsgespräch unbedingt einen langen Jeans-Rock anziehen, um mein Beinproblem zu vertuschen, und außerdem fühlte ich mich darin schön. Geschminkt habe ich mich lediglich mit einem Kajalstift, also ziemlich einfallslos.

So im Nachhinein ist mir natürlich völlig klar, dass mein Outfit voll daneben war und die Absage verwundert mich heute überhaupt nicht. Damals jedoch hat mich die Absage richtig geschockt, und ich war tagelang tief deprimiert. Ich war sicher, dass es an meinen zu dicken Beinen gelegen haben musste, obwohl man die nicht sehen konnte. Einen anderen Grund konnte oder wollte ich mir nicht vorstellen.

Ich hatte es mir schon vorher überlegt, aber nach dieser Absage habe ich es beschlossen: nach dem Abitur erst einmal für ein Jahr nach Amerika als Au-pair zu gehen.

Außerdem bewarb ich mich für eine Ausbildungsstelle zur Bankkauffrau.

Alles weitere lief wie am Schnürchen: Ich fand recht schnell einen Ausbildungsplatz, und so konnte ich frohgemutes nach Amerika reisen, auch wenn ich ein flaues Gefühl im Magen hatte. Ich war noch nie für längere Zeit so ganz alleine, aber ich wollte es unbedingt wissen.

Als ich zurück nach Deutschland kam, hatte ich schon das Gefühl, dass ich eine andere geworden war. Ich habe alles ganz anders zu schätzen gewusst: unser leckeres Vollkornbrot, die schöne Hamburger Altstadt und vor allem meine Familie und Freunde.

Ich jobbte noch 2 Monate als Buffetkraft, bevor ich meine 2jährige Ausbildung zur Bankkauffrau antrat.

Nach der Ausbildung arbeitete ich noch ein paar Monate als Schalterangestellte, und dann wagte ich noch einmal den Schritt, mich als Flugbegleiterin zu bewerben. Bei der selben Firma, wie schon ein paar Jahre vorher. Mir war jetzt viel bewusster, auf was ich mich einlasse, und daher konnte ich die Bewerbung auch ganz anders angehen. Ich war im Kopf viel weiter. Mit einem völlig veränderten Selbstbewusstsein im Vergleich zum ersten Gespräch bin ich zum zweiten Gespräch gegangen, welches am Ende gut gelaufen war.

Mein Privatleben

Der Job macht mir sehr, sehr viel Spaß, aber er ist auch sehr anstrengend.

Am Anfang waren die Schichtzeiten sehr gewöhnungsbedürftig. Während meiner Ausbildung in der Bank und danach hatte ich extrem regelmäßige Arbeitszeiten.

Plötzlich musste ich arbeiten, wenn meine Freunde am Samstagabend auf die Rolle gegangen sind. Als meine beste Freundin ihr erstes Kind bekam, war ich gerade unterwegs und konnte ihr erst 4 Tage nach der Geburt einen persönlichen Besuch abstatten.

Natürlich ärgern mich solche Dinge, aber was soll ich machen? Schließlich wusste ich, worauf ich mich einlasse, und das war ja ursprünglich für mich auch ein Argument für diesen Beruf. Ich genieße es auf der anderen Seite, an einem Vormittag unter der Woche in der noch einigermaßen leeren Stadt einkaufen zu gehen, und nicht an der Umkleidekabine anstehen zu müssen. Jedoch bin ich dann leider oftmals alleine unterwegs, weil viele meiner Freunde um diese Uhrzeit im Büro sitzen.

Um einen Ausgleich zum stressigen Job zu bekommen, oder wenn ich einfach abschalten möchte, gehe ich oft mit meiner Freundin und ihrem Baby spazieren.

Einen Freund habe ich derzeit nicht. Ich hatte zwar schon zwei kurze Beziehungen mit Kollegen, aber beides war leider nicht von Dauer. Irgendwann möchte ich natürlich auch gerne eine Familie gründen, aber das muss warten, bis ich den Richtigen finde. Manchmal fürchte ich, dass das aufgrund meines Jobs nicht so leicht sein wird, aber andere Flugbegleiterkolleginnen haben funktionierende Beziehungen. Auf der anderen Seite kenne ich Kolleginnen, die schon eine Scheidung hinter sich gebracht haben, sogar Frauen in meinem Alter! Da weiß ich meine derzeitige Situation doch sehr zu schätzen.

Der Berufsalltag

Teamarbeit kann natürlich nur dann funktionieren, wenn alle die gleiche Einstellung dazu haben. Es kann nicht angehen, dass Kollegen nach Vollendung ihrer Pflicht die Gala lesen, während die anderen noch rotieren, um den Service durchzubringen. Oder dass nur ein paar wenige immer mal durch die Kabine laufen, um nach dem Rechten zu schauen, während andere nur mal einen kurzen Blick in die Kabine werfen, um dabei jeglichen Blickkontakten auszuweichen.

Der Kollegenkreis wechselt sehr häufig. Bei uns gibt es sehr viele Kollegen, und ich muss mich stets auf neue Gesichter einstellen. Die meisten sind ganz nett und umgänglich und haben genauso viel Spaß an der Arbeit wie ich, aber bei anderen Kollegen bin ich ganz froh, wenn der gemeinsame Umlauf vorbei ist.

Das Miteinander ist von einer gewissen Oberflächlichkeit geprägt. Es ist schon so: Oftmals sieht man sich nach dem Flug nie wieder, auch wenn man die privaten Telefonnummern ausgetauscht hat. Mein ganzes Terminbüchlein ist voller Telefonnummern, zu vielen Namen habe noch nicht mal mehr ein Gesicht in Erinnerung. Nur in ganz seltenen Fällen vertieft sich die Freundschaft etwas.

Hier eine kleine Geschichte, die ich am Anfang meiner Tätigkeit erlebt habe. Ich war dabei nur die Beobachterin. Zwei männliche Flugbegleiter begegnen sich im Crew-Bereich, dem Treffpunkt der Flugbegleiter auf der Basis. Die beiden fallen sich freudig in die Arme: „Hallo, lange nicht gesehen!" „Ja, das ist wahr!" „Wo machst du hin?" „Nach Chicago! Und du?" „Nach Bengalore! Na, dann viel Spaß!" „Danke, dir auch! Hoffentlich sieht man sich bald mal wieder!" „Ja, hoffentlich! Ciao!"

Und getrennt haben sich deren Wege. Keine Begrüßung mit Namen – vermutlich kannten sie den Namen des anderen gar nicht mehr. Kein „Wie geht es?", kein „Was gibt es Neues bei dir?". Und das, obwohl ich damit gerechnet hatte, dass sich hier die besten Freunde treffen. Ähnliche Szenen habe ich noch öfter erleben dürfen, und ich muss zugeben: Auch ich unterliege manchmal einer oberflächlichen, künstlichen Freundlichkeit. Aber das gehört wohl zum Business.

Am Anfang meiner Tätigkeit habe ich in den Zielorten, in denen die Crew übernachtet hat, oft etwas mit den Kollegen unternommen, was immer sehr entspannt und lustig war. Das habe ich mir inzwischen weitgehend abgewöhnt. Ich bin oftmals froh, wenn ich dort meine Ruhe habe, und mir nicht schon wieder die Lebensgeschichte einer Kollegin anhören muss, nach dem Motto „je oller, desto doller".

Nur in seltenen Fällen, wenn mir ein Kollege oder eine Kollegin besonders nett erscheint oder wenn ich tatsächlich mal mit einem Lehrgangskollegen fliege, dann unternehme ich etwas mit demjenigen.

Sabrina, 21 Jahre, seit 2 Monaten Flugbegleiterin

Ich habe normalerweise ein Piercing an der rechten Augenbraue. Vor dem Vorstellungsgespräch als Stewardess habe ich das Piercing herausgenommen, weil dies allgemein empfohlen wurde, obwohl das sehr gegen meine Überzeugung gegangen ist. Schließlich hängt mein

Charakter doch nicht davon ab, ob ich ein Piercing habe oder nicht. Ich finde es einfach schön.

Das Löchlein habe ich mir notdürftig mit Make-up zugestopft, und meinen Seitenscheitel habe ich mir so gekämmt, dass die Haare so ein bisschen über die Seite mit dem Loch gefallen ist.

Ich wurde auch nach Piercings oder Tattoos gefragt, habe aber geantwortet, dass ich weder das eine noch das andere habe. In der Tat habe ich ein kleines Tattoo auf dem Schulterblatt, aber darum habe ich mir keine Gedanken gemacht. Es ist eine kleine Spinne.

Auf jeden Fall habe ich die Auswahl geschafft, obwohl ich Piercing-Trägerin bin. So schlecht kann mein Charakter also gar nicht sein.

Zu meinem zweiten richtigen Diensteinsatz nach der Schulung habe ich mein Piercing wieder angezogen. Ich dachte mir, so schlimm kann es gar nicht sein. Schließlich habe ich ja auch ein Recht darauf, mich so zu schmücken, wie ich es für schön halte. Es war auch kein Ring, sondern lediglich ein kleiner Stecker.

Das Donnerwetter beim Briefing war gehörig. Die Purserette ist völlig ausgeflippt. Ich solle dieses Piercing sofort entfernen, und ebenso das Loch, falls es sichtbar bleiben würde. Wer mich überhaupt eingestellt hätte? Das würde einen Vermerk in meiner Akte geben! Und das vor all den anderen Kollegen. Und nur wegen eines so kleinen Piercings.

Ich wollte standhaft bleiben und mein Gesicht nicht verlieren, betonte, dass es meine persönliche Freiheit sei, dieses Schmuckstück zu tragen.

Ich wurde sofort von dem Flug abgezogen, ein Standby-Kollege wurde geholt, und ich musste zum Personalgespräch. Es war ein heftiges Gespräch, in dem ich natürlich meine Position vertrat, und das Ende vom Lied war, dass ich unterschreiben musste, nicht mehr mit diesem Piercing zur Arbeit zu erscheinen. Bei Zuwiderhandlung verliere ich meinen Job – so drohte man mir. Am liebsten hätte ich sofort alles hingeschmissen, aber weil ich sowieso nur einen Zeitvertrag habe, wollte ich das dann doch durchziehen. Ich denke nicht, dass das der Job ist, den ich länger machen möchte.

Steffanie, 42 Jahre alt, Flugbegleiterin seit 2 Jahren

Ganz klassischer Werdegang: Mittlere Reife, Ausbildung zur Hotelfachfrau, Rezeption, Mann des Lebens getroffen, geheiratet, zwei Kinder bekommen. Meine beiden Töchter sind heute 17 und 19 Jahre alt, und die Jüngere träumt selbst davon, Flugbegleiterin zu werden.

Ich hatte in all den Jahren immer mal wieder in einem Hotel in meinem Wohnort ausgeholfen, wenn Not am Mann war.

Dann las ich in der Zeitung einen Bericht über den Beruf Flugbegleiterin und dass man sich bei einigen Airlines auch als Ü30 bewerben kann. Ich dachte ja, ich sei zu alt für den Beruf. Beim Vorstellungsgespräch war ich bestimmt mit Abstand die Älteste! Ich habe die Auswahl trotzdem – oder gerade deswegen? – geschafft.

Eine junge Dame, die ich beim Vorstellungsgespräch kennen lernte, traf ich im Grundlehrgang wieder.

Der Lehrgang war sehr, sehr anstrengend. Besonders, was die Koordination mit der Familie betraf. Es war für uns alle eine Umstellung. Dass ich früher mal zu Hause fehlte, als ich im Hotel einen Einsatz hatte, das war nichts Ungewöhnliches, aber nun wurde meine Abwesenheit doch sehr regelmäßig, und seit Beendigung meines Lehrgangs bin ich auch häufig über Nacht unterwegs. Mehrere Nächte Abwesenheit am Stück sind keine Seltenheit. Am Anfang hatte ich ein schlechtes Gewissen meiner Familie gegenüber. Und ich habe meinen Mann vermisst, an dessen Seite ich so viele Jahre jede Nacht eingeschlafen bin. Inzwischen haben wir uns alle mit der Situation angefreundet und arrangieren uns. Hin und wieder nehme ich meinen Mann und/oder meine Kinder zu Einsätzen mit.

Übrigens fliege ich seit einem halben Jahr Teilzeit. Einen Monat habe ich frei, im nächsten arbeite ich meine volle Flugstundenzahl. Seitdem macht es noch mehr Spaß.

Der Job macht insgesamt sehr viel Spaß! Absolut. Ich war von Anfang an voll integriert, trotz meines Alters. Inzwischen habe ich auch schon andere Kolleginnen getroffen, die zum Teil noch älter waren als ich, als sie angefangen haben.

Ein bisschen gewöhnungsbedürftig sind manchmal die blutjungen Purser. Sie treffen manchmal Entscheidungen in schwierigen Situationen, die ich nicht nachvollziehen kann. Da habe ich manchmal das Bedürfnis, den jungen Leuten an den Ohren zu ziehen, und denen ein bisschen mehr Standing oder Einfühlungsvermögen einzuhämmern. Aber dann sage ich zu mir, dass ich hier nicht das Sagen habe, und ich muss mich den Entscheidungen unterordnen. So ist das nun mal im Job. Das fällt schon manchmal schwer.

Auf Teilzeitbasis kann ich mir vorstellen, bis zur Rente zu arbeiten. Vollzeit war eine interessante Erfahrung, muss aber auf Dauer nicht sein. Durch den Verdienst meines Mannes bin ich zum Glück finanziell unabhängig.

Uwe, 22 Jahre, seit 4 Monaten Flugbegleiter

Ich war schon seit 3 Jahren mit meiner Freundin Klara zusammen, als ich vor ein paar Monaten als Flugbegleiter angefangen habe. Sie wollte von Anfang an nicht, dass ich mich als Flugbegleiter bewerbe.

Sie war schon immer sehr eifersüchtig, und die Vorstellung, dass ich mit vielen attraktiven Kolleginnen über Nacht in einer fremden Stadt sein würde, machte sie schier wahnsinnig. Mich interessierten die anderen Frauen nicht, weil ich doch mit Klara zusammen war.

Vor ca. 2 Monaten ging unsere Beziehung dann in die Brüche, aber nicht, weil ich eine andere Frau hatte, sondern weil wir uns nur noch gestritten hatten. Sie war der Situation einfach nicht gewachsen, und ihre krankhafte Eifersucht schaffte es, hinter jedem Anrufer, hinter jeder Erzählung oder hinter meiner guten Laune eine andere Frau zu vermuten. Nach den Flügen hatte ich auf der Heimfahrt schon immer Angst davor, welche Vorwürfe ich mir diesmal anhören konnte. Ich war stets froh, wenn sie nicht zu Hause war, wenn ich durch die Haustür trat. Diese Erkenntnis hat mich erschreckt, und deshalb bin ich vor zwei Monaten ausgezogen. Ich habe eingesehen, dass es besser war, dass wir uns trennen, auch wenn es mir sehr schwer gefallen ist.

Vielleicht hätte ich unserer Beziehung eine Chance geben sollen. Immerhin hatte ich erst kurz vorher mit dem Fliegen angefangen.

Vielleicht hätte sie sich noch daran gewöhnt. Aber meine größere Sorge war, dass ich mich an diesen schrecklichen Zustand gewöhnt hätte, und das stelle ich mir nicht unter ‚das Leben genießen' vor. Es war vielleicht egoistisch von mir – ja, deswegen habe ich ein tierisch schlechtes Gewissen, wenn ich drüber nachdenke. Aber ich habe aufgrund meines Jobs zum Glück nicht allzu viel Zeit, um ein schlechtes Gewissen zu haben. Und, um ehrlich zu sein, ich glaube nicht, dass die Situation besser geworden wäre. Ihre Eifersucht war sehr erdrückend.

Sophie, 53 Jahre alt, Flugbegleiterin seit 31 Jahren

Ich blicke auf ein langes Flugbegleiterleben zurück. Im Großen und Ganzen war es eine sehr schöne Zeit, aber wenn ich aufhöre, werde ich nicht traurig sein.

Vor etwas mehr als 8 Jahren war ich eine ganze Weile krank geschrieben. Die Ärzte diagnostizierten eine tiefe Depression. Sie hatten das erkannt, was sich schon seit Jahren in mir aufgestaut hatte, und ich nicht wahrhaben wollte. Ich war einsam, frustriert, verbissen und fühlte mich leer.

Nach zwei gescheiterten Ehen und den damit verbundenen schmerzhaften Trennungen war diese Entwicklung vorhersehbar. Meine früheren Freunde verloren sich mit der Zeit, weil ich mich immer mehr zurückzog und an mir selbst zweifelte.

Als dann eine alte Schulfreundin, zu der ich nur sehr noch sporadisch Kontakt hatte, an Brustkrebs gestorben war, kam es über mich. Ich begann zu weinen, und konnte nicht mehr aufhören. Ich fragte mich nach dem Sinn des Lebens, dachte an Selbstmord, hatte keine Lebensfreude mehr. Ich hatte nicht mal mehr die Kraft zur Arbeit zu gehen. So ging ich zum Arzt. Ich wollte ihm irgendwas erzählen, nur um ein Attest zu bekommen. Als er dann gezielt nachfragte, begann ich hemmungslos zu weinen und konnte nicht mehr aufhören, und dann ging alles seinen Weg: Überweisung zum Seelenklempner und dann die Kur. Diese hat mir richtig gut getan, ich profitiere heute noch davon. Schon alleine deswegen, weil ich dort viele neue Bekanntschaften gemacht habe, zu denen ich zum Teil heute noch ein sehr herzliches Verhältnis habe.

Thema meiner Depression war auch – das musste ich klar realisieren – mein Job. Der Psycho-Doc hat eine gewisse Hassliebe erkannt.

Ich habe meinen Job geliebt, weil ich diese Unabhängigkeit brauchte. Weil ich den Duft der weiten Welt atmen wollte. Weil ich wegen meines Jobs bewundert wurde. Wie oft lief ich in Uniform außerhalb meiner Dienstzeiten durch die Gegend, zum Einkaufen oder um spazieren zu gehen. Das war zwar nicht erlaubt, aber ich machte es dennoch. Im Zweifel gab ich vor, auf dem Weg zum Flughafen zu sein. Es kam sehr oft vor, dass mich die Leute auf meine Uniform und meinen Job ansprachen. Das nervte mich gleichermaßen wie es mich stolz machte. Ohne Uniform fühlte ich mich fast schon nackt. Ich definierte mich über meinen Job.

Auf der anderen Seite hasste ich meinen Job. Ständig neue Gesichter, immer freundlich sein, auch bei Gästen, denen ich am liebsten an die Gurgel gegangen wäre. Dann nervten mich zusehends die jungen Flugbegleiter-Küken, die ganz neu dabei waren, aber alles besser wussten; die Vorgesetzten, die kein Rückgrat hatten; die Cockpitkollegen, die immer arroganter und überheblicher wurden, und nur Augen für die jüngeren Kolleginnen hatten. Auch der Arbeitgeber kam mit vielen Neuerungen, mit denen ich schlicht und einfach überfordert bin. Die Bequemlichkeiten von früher wurden immer mehr eingeschränkt. Es war einfach nicht mehr meine Welt.

Ich konnte kaum dieses tiefe Loch ertragen, in welches ich nach jedem längeren Flug gefallen bin, wenn ich wieder zu Hause angekommen war. Ich saß auf meinem Bett, war nicht fähig meine Koffer auszupacken und wusste nichts mit mir anzufangen.

Ich war neidisch auf alle Kollegen, die am Boden im Büro arbeiten durften, geregelte Arbeitszeiten hatten, geschmackvoll angezogen waren, einen eigenen Stil hatten, selbstbewusst waren. Ich stellte mir vor, welch ein tolles Leben sie führen, wie sie abends nach Hause kommen, und auf ein heiles Familienleben treffen.

Da ich aber seit über 20 Jahren nichts anderes außer Flugbegleiterin war, wusste ich definitiv nicht, welche Tätigkeit am Boden ich ausführen hätte können. Ich hatte einst eine Ausbildung zur Zahnarzthelferin absolviert, aber ein Einstieg in diesem Bereich schien mir nicht realistisch, und ich wollte das auch nicht.

Als ich mich nach der Kur und einer Reihe von Sitzungen beim Therapeuten stabil genug fühlte, vereinbarte ich mit meinem Arbeitgeber, ein einmonatiges Teilzeit-Praktikum am Boden zu machen, um mich langsam wieder an die Arbeitswelt heranzutasten. Offiziell war ich noch krank geschrieben.

Es war schwierig, überhaupt einen Platz zu finden, an dem ich gleich einsteigen konnte, ohne groß eingearbeitet zu werden. So wurde schließlich ein Platz im Sekretariat eines Tochterunternehmens gefunden. Dort arbeitete ich jeden Vormittag 4 Stunden.

Schnell fand ich heraus, dass ich dafür nicht geschaffen war. Es war sehr hektisch, ständig klingelte das Telefon, ständig mussten irgendwelche Unterlagen aus Archiven gesucht werden (am besten schon vorgestern). Und der Kollegenkreis war wie an Bord: einige waren nett, umgänglich und hilfsbereit, andere giftig, unfreundlich, intrigant. Dort war es also auch nicht viel besser als an Bord, und meine Vorstellungen von einem Bürojob relativierten sich schnell. Ich war heilfroh, als der eine Monat vorbei war.

Um diese Erfahrung reicher fiel mir die Rückkehr an Bord leichter. Ich habe noch eine ganze Weile den Therapeuten besucht, und ich lernte tatsächlich, zufriedener mit mir und der Welt zu leben.

Heute gehe ich nur noch in Uniform aus dem Haus, wenn ich zum Dienst antreten muss. Die Löcher, in die ich nach Flügen falle, sind noch immer da, aber sie sind nicht mehr ganz so tief und langandauernd. Meine Freundschaften, die ich inzwischen wieder aktiv pflege, helfen mir dabei.

So, das war meine persönliche Geschichte, aber es gibt auch von anderen, viel schlimmeren Schicksalen einiger Kollegen zu berichten.

Eine Kollegin, mit der wir unterwegs waren, erschien nach einem mehrtägigen Aufenthalt nicht zum Treffpunkt im Hotel in Shanghai, als wir die Rückreise antreten wollten. Es stellte sich heraus, dass sie tot auf ihrem Bett lag – dehydriert. Sie hatte während des Aufenthaltes schlicht und einfach zu wenig getrunken.

Ein anderer Kollege war in Johannisburg mit einer Kollegin unterwegs und kam ihr zu Hilfe, als deren Handtasche gerade von Dieben entrissen wurde. Mit schwersten Stichverletzungen kam er gerade noch mit dem Leben davon, sitzt aber seitdem im Rollstuhl.

Ich denke, nach den ganzen düsteren Bildern, die ich nun gemalt habe, ist es an der Zeit, auch die schönen Seiten des Jobs herauszustellen.

Es ist sicher einer der abwechslungsreichsten Jobs überhaupt, auch wenn die Arbeit selbst nicht so schwer ist.

Man trifft Menschen, die man sonst nur aus dem Fernsehen kennt. Menschen aus den Bereichen Politik, Wirtschaft und Unterhaltung. Ich hatte mal eine umfassende Autogrammsammlung. Die meisten Autogramme konnte der Sohn meiner Nachbarin kürzlich in Ebay versteigern. Das Autogramm von John Lennon, welches ich wenige Monate vor seinem Tod bekam, hat am meisten gebracht.

Von einem damals sehr bekannten Schlagersänger habe ich 1982 sogar die Telefonnummer mit einem Augenzwinkern zugesteckt bekommen. Angerufen habe ich ihn selbstverständlich nicht. Er war absolut nicht mein Typ, und seine Musik gefiel mir gar nicht.

Weitere Highlights, die mich während meiner ganzen Zeit begleiteten, waren die vielen positiven schriftlichen und mündlichen Kundenrückmeldungen. Ich war immer ein Profi, was meine Arbeit betrifft und habe den Job sehr ernst genommen. Deswegen bekam ich schon mehrmals Belobigungsschreiben von meiner Airline, über die ich mich immer gefreut habe. Es ist schön zu sehen, dass der Arbeitgeber meine Arbeit zur Kenntnis nimmt und zu schätzen weiß.

Ich hatte in all den Jahren nur eine schriftliche Kundenbeschwerde. Ich goss einem Passagier aus Versehen ein bisschen Mineralwasser über die Hose, entschuldigte mich höflich, reichte ihm eine paar Papierservietten und kümmerte mich wieder um den Service.

Ich war sehr überrascht, dass sich dieser Gast später schriftlich bei meiner Airline beschwert hatte. Ich hätte mich nicht genügend nach diesem ‚Dilemma' um ihn gekümmert, er blieb mit einer völlig durchnässten Hose zurück, er fing an zu frieren, und außerdem – welchen Eindruck sollten die anderen Gäste angesichts eines nassen Flecks auf seinem Oberschenkel bekommen? Es war seelische Grausamkeit und er würde 500 Mark Schadenersatz verlangen.

Die Airline bat um mich um eine Stellungnahme. Zum Glück konnte sich mein Kollege auch noch an den Vorfall erinnern, und der unterstützte meine Version, dass es sich wirklich nur um einen kleinen Tropfen auf einer dunklen Hose handelte, eigentlich nicht der Rede wert. Mein Verhalten war völlig korrekt.

Die Airline antwortete höflich aber bestimmt, dass sie gerne bereit ist, aufgrund des Vorfalls eine Reinigungspauschale in Höhe von 20 Mark zu übernehmen. Das war dem verletzten Kunden nicht genug, und er lief mit dem ‚unverschämten Gegenangebot' sofort zu seinem Anwalt.

Ich wurde zu einer Anhörung gebeten, zusammen mit einem Rechtsvertreter der Airline, dem betroffenen Passagier und dessen Anwalt. In einem informellen Gespräch wurde der Passagier nach Klärung der Sachlage höflich und durch die Blume darauf hingewiesen, dass er sich nicht so anstellen soll, und er mit seinem Verhalten riskiert, am Ende noch eine Anzeige wegen Erschleichung von Geldern zu bekommen. Sein Anwalt schickte seinen leidgeplagten Klienten mit einer saftigen Rechnung nach Hause.

So, das waren meine Geschichten. Natürlich gäbe es noch viel mehr zu berichten. Aber irgendwann muss Schluss sein. Das ist: jetzt.

Yasmina, 29 Jahre, seit 2 ½ Jahren Mitarbeiterin Check-in

Mein Traumberuf war es immer, Flugbegleiterin zu werden. Jedoch scheiterte meine Bewerbung damals an meinem marokkanischen Pass. Sehr schade, denn ich bin sicher, dass ich gute Qualifikationen mitgebracht hätte. Ich sehe gut aus, spreche 4 Sprachen fließend und bin nicht auf den Kopf gefallen.

Da ich schon seit vielen Jahren in Deutschland wohne, habe ich mir schon überlegt, ob ich die deutsche Staatsbürgerschaft beantragen soll, um meinen Traumjob antreten zu können. Aber nach sorgfältiger

Abwägung habe ich beschlossen, dies nicht zu tun. Ich bin stolz darauf, Marokkanerin zu sein, und irgendwie hätte ich mich als Verräterin gefühlt, wenn ich es getan hätte. Ich weiß nicht, was später sein wird, ob ich nicht vielleicht doch nach Marokko zurückkehre. Ich glaube, mein Vater wäre sehr enttäuscht gewesen, wenn ich meine marokkanische Staatsangehörigkeit aufgegeben hätte, obwohl er es akzeptiert hätte.

So kam es, dass ich mich für den Check-in beworben habe. Ich hatte vorher Architektur studiert, bekam aber keinen Job. Der Wunsch, am Flughafen arbeiten zu wollen, hat mich nie losgelassen, und so wagte ich eine Bewerbung. Ich musste verschiedene Tests absolvieren, und es hat auf Anhieb geklappt.

Die Einarbeitung war sehr hart. So viele neue Dinge in so kurzer Zeit. Manchmal war ich drauf und dran, alles hinzuschmeißen, aber die Kollegen waren sehr nett und sehr geduldig. Heute würde ich sagen, dass ich den Arbeitsplatz ungefähr nach einem Jahr wirklich umfassend beherrscht habe, auch wenn es noch heute manchmal Dinge gibt, die neu für mich sind.

Der Job macht mir inzwischen sehr viel Spaß, weil man so viel Kontakt zu Menschen hat. Leider ist dieser Kontakt immer so flüchtig. Am Check-in muss ich immer sehr schnell und zügig arbeiten, für ein bisschen Höflichkeitsgespräche bleibt da wenig Zeit.

Bei manchen Passagieren braucht man echt ein dickes Fell. Hier ein paar Geschichten:

Ich hatte mal einen Passagier mit einem Eco-Ticket, der wollte unbedingt einen Sitzplatz in der Business Class, weil sein Freund ein Ticket für die Business Class hatte. Der Freund flog auf Firmenkosten nach Chicago, und er wollte privat mit ihm reisen. Ich habe mich natürlich geweigert, und da wurde der Passagier richtig ausfällig. Schließlich schob er mir unauffällig einen 10 Euro-Schein zu mit den Worten: „Ich verstehe, ihr Araber versteht nur die eine Sprache…“ Ich stand vor Wut auf und kündigte an, dass ich jetzt meine Vorgesetzte holen wollte, da lenkte er dann doch noch ein und nahm seine Sitzplatzkarte für die Eco entgegen.

Ich erinnere mich an die ältere amerikanische Dame, die extrem geschminkt war, und sie bat mich, dass ich auf ihre Bordkarte den Namen „Rita Hayworth“ eintragen sollte. Da wäre doch nichts dabei, meinte sie, schließlich sei das ihr richtiger Name, und der Name in ihrem Pass und auf dem Original-Papierticket sei ein Missverständnis. Ich lächelte sie verständnisvoll an und habe den Namen „Rita Hayworth“ dann mit Hand zusätzlich auf die Rückseite ihrer Bordkarte geschrieben. Ich erklärte ihr, dass der Name auf der Rückseite Priorität habe. Damit war sie dann ganz glücklich. Ich warnte die Kollegen am Gate telefonisch schon mal vor, dass da eine etwas durchgeknallte Lady kommen wird.

Noch eine Geschichte? Es war mehr ein Ereignis, noch relativ am Anfang meines Jobs. Ich war zur Spätschicht am Gate eingeteilt, es war mein letzter Flug für den Tag, und danach sollte ich Feierabend haben. Doch inzwischen hatte ein extrem heftiges Schneetreiben den Flugbetrieb lahm gelegt. Der späte Flug nach Hamburg musste schließlich abgesagt werden. Dann brach die große Hektik aus: Hotelgutscheine für die Passagiere verteilen, das Gepäck organisieren, Umbuchungen veranlassen, verzweifelte und verunsicherte Passagiere beruhigen, das war richtig viel Stress und Hektik. Ich konnte erst weit nach Mitternacht Feierabend machen, und da stellte sich das nächste Problem: wie sollte ich nach Hause kommen? Die öffentlichen Verkehrsmittel fuhren nicht mehr, und ein Taxi war mir zu teuer. Ich rief meinen Freund aus der Telefonzelle an und bat ihn, mich abzuholen. Der war schon voller Sorge, wo ich geblieben war. Vor lauter Stress bin ich nicht dazu gekommen, ihm Bescheid zu sagen, und ein Handy besitze ich nicht. Aufgrund des starken Schneefalls kam er nur sehr langsam mit dem Auto voran, und so dauerte es ewig, bis ich endlich zu Hause ankam.

Nach dieser Nacht musste ich mir ein Handy zulegen – Befehl von meinem Freund.

Schlusswort

Ich hoffe sehr, dass Ihnen das Buch viele interessante Informationen bieten konnte.

Falls Sie eine Anregung oder Kritik haben, können Sie der Autorin gerne eine Email schreiben:

maria.weckesser@traumberuf-flugbegleiter.de

Besuchen Sie bitte auch die Homepage zu diesem Buch:

www.traumberuf-flugbegleiter.de

Dort finden Sie stets aktualisierte Informationen rund um den Beruf Flugbegleiter und eine ausgedehnte „Surf'*airea*".

Ein Besuch lohnt sich!

Viel Erfolg bei der Erfüllung Ihres Traumes wünscht Ihnen

Maria Weckesser

Vorfreude und Erinnerungen – das sind die kleinen Alltagshelfer
vor und nach einem großen Erlebnis.
Für die Vorfreude sind Sie zuständig,
für die Erinnerungen logboox.

logboox **flug**

In diesem Logbuch können Sie bis zu 24 Flüge übersichtlich im Detail festhalten.

Der kostbare Moment.
Festgehalten.

logboox

logboox. **Das Original.**

Ein spannender Kriminalroman für unterwegs

Netzinfarkt

Blue Edition

von Sönke Brandschwert

Der junge Informatiker Sven führt ein ruhiges Leben, bis er versehentlich einer terroristischen Organisation in die Quere kommt. Mittels modernster Technologie soll die Weltwirtschaft ins absolute Chaos gestürzt werden. Ein Wettlauf mit der Zeit beginnt...

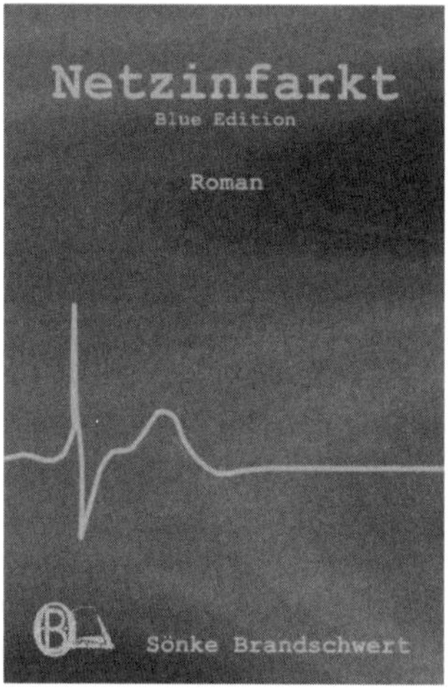

„... **Bis zur letzten Seite ist Netzinfarkt ein Nervenkitzel – auch für Leute, die sich nicht für Computer interessieren.**" Idsteiner Zeitung

„... **ein sehr spannender, packender, vielseitiger Roman, bei dem man ganz nebenbei eine Menge über Computer lernen kann...**" Guten Morgen Sonntag, Zeitung für Wilhelmshaven

„... **Wer eine spannende und realitätsnahe Lektüre sucht, sollte sich Netzinfarkt nicht entgehen lassen...**" Wolfsburger Kurier

www.netzinfarkt.de / ISBN 978-3-9811229-1-6

Entschuldigen Sie bitte,

haben Sie zufällig Ihren Kumpel getötet?

Nicht ganz so höflich wird Uwe von der Polizei gefragt. Die Indizien sprechen gegen ihn und werden immer erdrückender. Schließlich bleibt Uwe nichts anderes übrig, als den Tod seines Freundes auf eigene Faust aufzuklären. Dabei gerät auch er in Lebensgefahr.

Ein spannender Krimi aus der Rhein-Main-Metropole voller überraschender Wendungen.
Nur etwas für starke Nerven und schlaflose Nächte!

Hals in der Schlinge

ein Kriminalroman von

Sönke Brandschwert

ISBN 978-3-9811229-0-9
Sigrid Böhme Verlag
136 Seiten

www.Sigrid-Boehme-Verlag.de